采购与供应链管理

采购人1000天的奇迹

姜珏 著

中国铁道出版社有限公司
CHINA RAILWAY PUBLISHING HOUSE CO., LTD.

图书在版编目(CIP)数据

采购与供应链管理：采购人1000天的奇迹/姜珏著．—北京：中国铁道出版社有限公司，2022.8

ISBN 978-7-113-29129-7

Ⅰ.①采… Ⅱ.①姜… Ⅲ.①采购管理②供应链管理 Ⅳ.①F25

中国版本图书馆CIP数据核字(2022)第079986号

书　　名：采购与供应链管理：采购人1000天的奇迹
CAIGOU YU GONGYINGLIAN GUANLI：CAIGOUREN 1000 TIAN DE QIJI

作　　者：姜　珏

责任编辑：陈　胚　　**编辑部电话：**(010) 51873459
封面设计：仙　境
责任校对：孙　玫
责任印制：赵星辰

出版发行：中国铁道出版社有限公司（100054，北京市西城区右安门西街8号）
网　　址：http://www.tdpress.com
印　　刷：三河市兴博印务有限公司
版　　次：2022年8月第1版　2022年8月第1次印刷
开　　本：710 mm×1 000 mm 1/16　**印张：**16.5　**字数：**206千
书　　号：ISBN 978-7-113-29129-7
定　　价：69.00元

推荐序

一本书，让你读到自己

先从我和这本书的故事说起吧。

2021年4月的一天，我偶然看到姜老师主理的公众号“采购实战家专栏”在征稿，就加了姜老师的微信。原本是计划投稿的，结果稿子还没写成，先配起音来了。彼时的姜老师正打算推出采购管理界的第一部有声采购故事《1000天的奇迹》，因为要求配音的人既要有采购经验，又要声音悦耳，外加普通话标准，所以迟迟没有找到合适的配音。说来也巧，在和我沟通写稿的过程中，姜老师意外发现，我竟然可以基本满足配音的三项要求。就这样，我斗胆承接了为这部有声故事配音的重任，开启了见证奇迹的新途。

时隔一年，经过改编后的《采购与供应链管理：采购人1000天的奇迹》终于要出版发行了！作为本书的配音者，作为主人公小明的1 000天奇迹见证者，我想给你一个不要错过这本书的理由，一个你没有理由拒绝的理由。

白岩松老师曾说，我们读所有的书，最终的目的都是读到自己。采购、供应链管理类的书有很多本，而其中最能让你读到自己的，我相信非这本书莫属。

喜欢读书的人可能都有这样的感受，有的书能让你静下来，而有的书则需要你静下来读。这本书算是后者，因为只有静下心来，你才能一次一次在书里读到自己，而当你在书里读到自己，你就静不下来了，因为你的内心有一些东西被点燃了。

我们每个人都曾经是小明，沸腾过，失落过，痛并快乐过，但我们又都不是小明。在你入行做采购的那一年，有没有人能句句中的、语重心长地告诉你：采购在本质上是个什么活儿？好采购最重要的特质究竟是什么？供应商的价格怎么样才算合理？它和供应链管理是个什么关系？也许有，也许没有，也许你从来都没有想过这些问题，也许现在的你依然在寻找答案。

其实这些都不重要，重要的是，这本书会告诉你那些你不知道的事，也会启发你思考那些你以为你知道的事。

中科院院士袁亚湘老师曾经感慨，这个世界上最大的浪费，就是聪明的人不思考。我们大多数人都自认为不笨，却少有人真正思考，无论是做采购员，还是做其他工作，我们往往喜欢当一个拿来主义者，因为这样好像更快更轻松。但是，只有真正懂得思考的人，才能体会什么叫“慢慢来，比较快！”只有当你真正开始思考，你的人生才会真的有所不同。

就拿这本书来说吧。如果你能在读每个故事之前，先看着故事的标题，停下来想一想，看看自己能想到什么，再去读故事的内容，看看又会有什么发现：大部分事情是正如你所料，还是出乎你所想？

其实这些都不重要，重要的是，这本书让你跳出了自己面前的一亩三分田，升级了你的认知，让你开始积极思考职场通用的底层逻辑：为什么一定要有成长型思维？劳动和努力真有那么大的差别？利他原来这么重要啊！有些事，不做可能就永远不知道！

一言以蔽之，这本书里的亮点此起彼伏，纵然它无法化身为你的伯乐，给你一个闪亮的舞台，但只要你能有所思考，有所行动，就能提升自己的辨识度，让你的伯乐看到你。

亲爱的朋友，无论你是新人，还是老将，茫茫书海，有一本书为你而来，让你读到自己，读到自己的过去和现在，读出自己不一样的未来！

马江虹

CPSM 和 CPA 双证持有者

十多年制造业外企采购工作经历，也有风雨也有晴；致力于每天完成一些重要的小事，相信不负当下，终将不负年华！

前　言

说说采购人的心里话

如果有人问我："加上早先出版的《我在500强企业做采购：资深采购经理手把手领你入行》和《采购谈判：高效赢得谈判的实战指南》，你最喜欢哪一本书？"

我会坦诚地回答，《采购与供应链管理：采购人1000天的奇迹》是我的最爱，因为这本书有知识、有故事、有温度，鼓舞人心，催人奋进，将是陪伴我一生的读物。

2007年，我从大学毕业，入职某500强外企的中国采购中心，刚开始只是负责一些流程和记录方面的工作，对采购管理更是"一知半解"。在一次出差中，年轻的我抓住机会向一位资深的采购工程师请教采购管理的工作范围。看着我渴望获得答案的样子，这个同事忽然哈哈大笑，神秘兮兮地说："采购管理就是一头大象。"

"此话怎讲?"我更加迷惑，连忙询问缘由。

同事说："你现在就站在大象的一条腿旁，看不到大象的全貌。只有把所有采购工作都做一遍，你才能理解采购管理是什么，而不同的人很可能会有不同的理解，所以它并没有标准答案。"

这是所有采购人都经历过或正在经历的困扰，常常是在踩过很多坑甚至遍体鳞伤之后，才能窥见采购管理的全貌，洞悉采购工作的难点与要点。至于如何妥善处理日常工作中的种种问题与矛盾，更是丈二和尚摸不着头脑。

为了解决这个难题，我创作了这本书。本书取材于我和身边的采购朋友们（暴雪女士和葛永军先生）多年从事采购管理工作的成长感悟和解决疑难杂症的实用方法，包含在90个由真实案例改编的小故事中。

从第三人称视角，我描写主人公小明（采购新人）在皮经理（采购专家和领导者）的谆谆教导下，如何在1 000天的时间里，一步步地从稚气未脱的大学毕业生成长为出类拔萃的采购员、项目采购工程师、战略采购工程师、供应链管理者，最后晋升为采购部经理的故事，帮助采购人建立正确的心智模式，学会运用商务技能、项目管理技能、战略分析技能，并具备必要的软技能，能够有效解决采购与供应链管理中的常见问题，获得公司上上下下的认可，快速成长为实战型专家。

在阅读的过程中，除了沉浸于丰富的故事情节之中，你还将潜移默化地学会一系列采购人必备的技能，如下图所示。

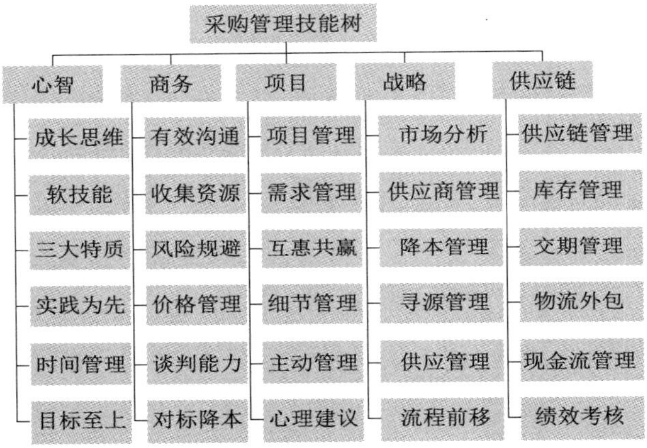

希望同行的伙伴们都能把本书当成从事采购、供应链管理工作必读的故事书和工具书，以主人公小明为榜样，从故事中充分汲取营养，从采购新人迅速成长为采购、供应链管理专家，早日实现属于你的职业梦想。

本书第二章“谁的价格控制的最好”“留样的重要性”，第四章“最佳质量奖颁给谁”“联合采购”，第五章“牛奶协议”“我要加人”“工业的超市”“智能化仓库”由暴雪女士主笔；第二章“流程再造”由葛永军先生主笔，在此表示感谢！

姜　珏

2021年12月20日于深圳

目　录

第一章

正确认知采购工作

第二章

学会商务技能

第三章

学会项目采购管理

第四章

学会战略采购管理

第五章

学会管理供应链

01

第一章

正确认知采购工作

2017年的夏天，小明永远无法忘记。

那一年的毕业旅行，小明暗恋了整整四年的女孩终于向他表白。虽然两人将要分隔两地，相距两千多公里，但是女孩那时送的礼物，小明珍藏至今。

那是一个尽情看自己喜欢的书、与小伙伴们一起追剧、与喜欢的人腻在一起谈天说地的夏天，再也没有难读的书、难背的题和难考的试。虽然毕业典礼刚刚过去，大学生活却好像已经距离自己好远好远。

正当小明沉浸其中，祈祷这个夏天永不过去之时，一个电话打破了他快乐无比的生活。是天波公司的人力资源专员，催促小明尽快入职。

“既然学生生涯已经结束，就不要依依不舍。尽早开启职业生涯吧，这将是新的起点、新的挑战、新的机遇，一切都要向前看。”为了帮助小明把眼光转向未来，人力资源专员苦口婆心地说。

就这样，在与小伙伴们和喜欢的女孩匆匆道别之后，小明默默地收拾好行装，按照天波公司的要求，于2017年7月3日星期一正式入职。

彼时的天波公司还是一家颇具发展潜力的高科技型民营企业，尚未上市。因为采购部人手不够，小明便被稀里糊涂地分配进去，成为一名毫无经验的采购助理。

“千万不能收受供应商的礼物。”父亲的一再叮嘱，代表了普通人对采购工作的认知。父亲不知道的是，合规只是从事采购工作的道德底线，并不会帮助小明在职场上取得成功。

作为刚刚入行的大学毕业生，如何尽早地正确认知采购工作，建立正确的心智模式，明确努力的方向，才是小明最迫切需要的。

那么，在2017年剩余的日子里，小明是如何从一名稚气未脱的大学生转变为一位思路清晰、目标明确的职业采购人呢？

采购是个什么活儿

2017 年 7 月 3 日，星期一，天气晴朗，热浪习习。

采购部的经理姓皮，大家都亲切地称他为皮经理。这个皮经理不简单，30 岁出头，专业知识非常扎实，做事很有方法，自信心很强，正处于职业的快速发展期，踌躇满志。

作为小明的直属领导，在小明来到采购部的第一天，皮经理就把小明请到自己的办公室。皮经理上下打量着这个中等身材的大学毕业生。只见小明身穿一套合体的藏蓝色西装，脚穿一双大头黑色皮鞋，戴着一副银色钛合金的方框眼镜，头发整齐地向右梳理，眼神坚定而无瑕，显得稳重而儒雅。

“这个人的气质不错”，皮经理心想。

“小明，今天是你入职的第一天，我想听听你对采购工作的认知。”皮经理开口问道。

好在小明事先有所了解，开口答道：“需要开发供应商，谈价格，签合同。”

皮经理点了点头，内心感到些许欣慰。“很好，难得你有所了解。我来介绍一下采购工作内容，你要记好。采购其实只做两件事：一是从供应链中剔除浪费;二是引入优质的外部资源。俗称降本增效。

“那么,我来问问你,你认为供应链中的浪费是指什么呢?”

“原材料买多了。”小明略加思索,立即回答。

“你只说对了一个方面,在供应链中,还有很多方面会造成浪费,例如:

“(1)虚高的采购价格;

“(2)糟糕的供货表现;

“(3)不匹配的供应商;

“(4)无效的风险控制;

“(5)失位的品类战略;

“(6)不必要的管理费;

“(7)过高的原料库存;

“(8)过严的产品要求。

“记住了吗?”

“稍等,我记一下。”小明连忙翻开刚从行政部领取的笔记本,趁着还有印象,把皮经理的话统统记录下来。

“好的,你再想一想,外部的优质资源是指什么呢?”

“优质供应商?”小明对采购工作的理解非常粗浅,能够略知一二已经不易。

“这只是答案之一。外部的优质资源还包括很多方面,例如:

“(1)低成本的制造商;

“(2)高创新的设计商;

“(3)低廉的通用部件;

“(4)划算的外包服务;

“(5)智能的 IT 系统;

“(6)先进的管理方法；

“(7)优秀的管理人才；

“(8)第三方咨询服务等。

“记住了吗？在以后的工作中，你会陆续接触到这些内容，帮助你深刻理解采购工作。好了，今天就讲到这里，回去好好体会。有什么不明白的，实践一下就会懂。”皮经理起身走向办公室门口，做了一个送客的手势。

小明赶忙起身，连声称谢。

“降本增效……”小明在心中默念着。

第一天上班的小明，对皮经理的教导只会死记硬背，对采购工作只有一个浅浅的认知，就如同盲人摸象。

“真不知道这个大学生多久可以成熟，希望人力资源给我招到个好苗子。”望着小明离去的背影，皮经理喃喃自语。

采购业务需求模型

2017 年 7 月 4 日，星期二，小雨转晴，天气闷热。

上大学的时候，小明时常晚睡晚起。有时追剧到凌晨 2 点才睡，第二天上午 11 点才起，洗漱一番再去食堂吃一顿“早午饭”，直到下午才开始学习。

但是步入职场的第二天，小明就发现，办公室的紧张氛围与大学的松散氛围完全不同。这里的很多员工会早早地来到公司，聚精会神地工作。

这让小明领悟到学校与职场的不同。学校是你交学费、老师教授你知识的地方，学校要对你负责；而职场是你领工资、为公司解决问题的地方，你要对公司负责。人的角色发生了 180 度的变化。于是小明不断地提醒自己，要合理安排自己的作息时间，以便适应职场的要求。

每个周二上午都有采购部的例会。会上皮经理讲了公司最近的动态，之后向采购部的同事们简单介绍了新人——小明。

“这是人力资源部与政府合作的一个项目，对公司会有三个好处：

“(1)从学校招聘优秀毕业生，作为好苗子来培养；

“(2)帮助政府解决大学毕业生的就业问题；

“(3)享受一些税费的减免。

“据我观察，人力资源部这次选的大学生的素质都很不错。昨天我跟小明简单交谈了一下，发现他积极要求进步，而且已经自学了一些采购知识，相信假以时日，小明会成为一名非常优秀的采购员。希望小明的加入，对所有员工都能有所触动，在工作上要更加积极主动，不要被年轻人超越了。”说到这里，皮经理抬眼扫了一下员工们的表情。绝大多数人都很麻木，仅有少数人以笑脸回应。

皮经理不禁叹了一口气，心想已经没有什么事能够真正触动这些老员工了。

“下面我给大家分享一个采购知识。”作为部门周会的固定内容，皮经理会自己或指定员工来分享采购知识或案例，作为一种培训手段。

“有很多人说采购就是买东西的。我想大家都会对这种说法嗤之以鼻。最普遍的说法是 5R 原则，即在适当的时间，按适当的质量，以适当的价格，购买适当的数量，从适当的地点购买。

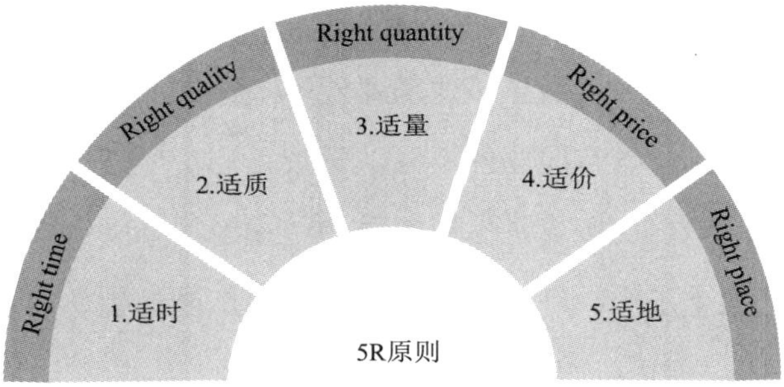

5R 原则

"但是我个人认为它过于笼统，是一句正确的废话，并无指导意义。那么，到底应该如何梳理清楚采购的职责，有逻辑、有条理地回答这个问题呢？我向大家推荐 RAQCSI① 模型，即采购业务需求模型。

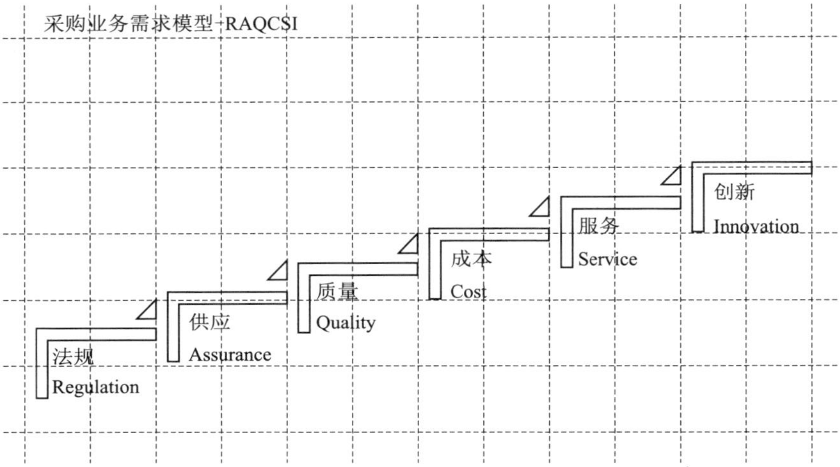

RAQCSI 模型

①注：RAQCSI 模型由英国著名的采购与供应链咨询专家乔纳森・奥布莱恩先生首先提出，详见由我翻译的乔纳森・奥布莱恩先生的专著《采购与供应链专业人员谈判实战(第三版)》。

“这个模型的好处在于，它不仅说明了采购到底需要从供应商那里得到什么，即：

“(1)法规：供应商必须是合法的实体，有相关的资质和认证，否则一切都无从谈起。

“(2)供应：供应商必须有足够的产能和人员来满足我们的需求。

“(3)质量：如果质量不达标，再多的生产只是浪费，所以质量管理很重要。

“(4)成本：在合法合规、保障供应和质量的前提下，说成本的高低才有意义。

“(5)服务：在供应商满足以上要求之后，我们要求供应商把最优的资源给到我们，体现为提供最好的服务。

“(6)创新：对于价值创造型的供应商，如行业专家或有定制开发能力，我们鼓励供应商的早期介入，不断提出新点子，给我们的产品带来持续增值。

“这个模型还逻辑清晰地告知我们这些要求的次序。例如，如果你现阶段找不到能够满足成本要求的供应商，退而求其次要怎么选供应商。即首先得符合法规，然后有产能，再之后能够保障很好的质量，而不是考虑服务好不好。因为服务在第五步，只有在成本有竞争力的情况下，考虑服务的优劣才有意义。这些信息正是 RAQCSI 模型告诉我们的，就像攀登六级台阶，如果第一级台阶都没有上去，就别想第五级台阶的事情。

“这个模型还解释了为什么低质低价的产品最终一定会被市场所淘汰，例如某国的摩托车市场，在 20 世纪的 90 年代，80%以上都是 A 国产的摩托车。后来由于过度竞争，A 国产摩托车的价格从 3 000 元一辆降到最低 800 元一辆，相应的质量问题就层出不穷，最终被性价比更好的 B 国产摩托车挤出某国市场。

“这是因为 A 国产的摩托车在完成了法规和供应之后，从质量直接跳到了成本，这就违反了RAQCSI模型告知我们的需求阶梯，违反了市场规律，自然也就被市场淘汰了。

“仔细想来，RAQCSI模型已经应用到采购工作的方方面面，如在开发供应商时，我们已经在考察供应商的RAQCSI，在考核供应商的绩效时也是一样。

“总结下来，这个模型具有三点好处：

“(1)讲清楚采购对供应商的期待；

“(2)理清RAQCSI间的逻辑次序；

“(3)指导我们开展寻源及供应商管理工作。”

皮经理的分享对入职第二天的小明启发很大，因为他既明白了采购是个什么活儿(降本增效)，又明白了采购对供应商的业务需求(RAQCSI)。

在今后的日子里，小明的很多工作都将围绕供应商的RAQCSI展开。

要树立成长型思维

2017年7月5日，星期三，赤日炎炎。

虽然对采购工作仍旧很陌生，但是作为心怀抱负的青年，小明暗暗发誓要在职场上取得成功。

“小明，我需要上个月的支出分析报告，明早交给我。”早上，小明刚刚落座，还没有来得及喝一口水，皮经理的电话便打来了。

“经理，我……我不会做。”虽然对职场怀有莫大的憧憬，但毕竟是新人，小明在入职的第三天接到第一个工作任务时，就已经蒙掉了。

皮经理无奈地叹了口气，在电话那头说：“小明，你来一趟我的办公室，我们聊聊。”

看着小明一头雾水的样子，皮经理开导说：

“小明，你要知道人的大脑有很强的可塑性。我们每一次突破自己的‘舒适区’去学习新知识，迎接新挑战，人的大脑就会变得越来越聪明。

“天波公司是一家高速发展的民营企业，刚一毕业就能进入这样一家公司是你的幸运。但是你要知道，**企业需要的是成长型员工**。你要相信，任何技能都能通过努力习得，把每一次挑战看作扩展能力的机会。不要回避问题，也不要轻易放弃自己没有处理过的事情。

“我把基础数据和报告模板通过邮件发给你了，这么简单的事情我没有安排别人来教你，你回去想想应该怎么做。”

通过在网上搜索 Vlookup 和数据透视表的用法，小明终于在凌晨 1 点完成了支出分析报告，给皮经理发了电子邮件。看着镜子中略微发黑的眼圈，小明心想，皮经理一定会对自己另眼想看吧。

不承想，第二天，皮经理既没有找他谈话也没有回复邮件。小明这才领悟到，**人在职场，按时按质完成领导交代的任务是理所应当的事情**。更重要的是，通过这件事情，小明知道了什么是成长型思维，可以归结为：

固定型思维模式		成长型思维模式
人的才能/能力一成不变，需要被证明	定义	人的才能可以发展，通过学习来培养
产生彻底的失败感和无力感	遇到挫折	不给自己贴标签
风险和努力暴露不足 证明没有足够能力去完成某项任务	看待风险	承担风险，直面挑战
智力的证明	对成功的理解	学习的结果
聪明的人永远是成功的 成功意味着比别人更强，拥有更多特权	学习与成功的关系	成功意味着拓展自己的能力范畴 成功的关键是学习，抓住一切学习机会
固步自封，自我限制，丧失可能性	看待挑战	超越可能，自我拓展，保持浓厚兴趣
完美无缺	追求	不断进取
证明自己很特别，甚至高人一等 更具特权，产生优越感	成功的结果	认为自己只是一个普通人 成功是努力的结果
失败意味着缺乏个人技能或潜力 从一种行为（我失败了）转变为一种身份（我是失败者）	对失败的态度	是一种痛苦的学习经历，但不能定义自己
人们一旦相信个人能力固定不变，便会经常处于危险之中，害怕失败会给自己打分 失败可以永久性地定义他们 这种思维模式剥夺了他们应对问题的才能	失败对其产生的影响	人们相信自己的基本特质可以发展时，失败虽然很痛苦，但不会给自己下定义 能力可以拓展，改变和成功还有很多可能，通往成功的道路依然很多
只有无能者才需要努力，完美无缺是人的与众不同之处，努力会贬低价值	努力的意义	无论能力有多强，努力才能激发能力，取得最终的成就
人的能力不可改变 成功仅意味着比其他人更有天赋 失败意味着对你做出评判和定义 无法依靠天赋成功的人，才需要努力	总结	人的能力可以拓展 成功意味着做到最好的自己，而不是要强于他人 失败是一次机会，而不是死刑 努力是通往成功的关键

固定式思维模型与成长式思维模型的特征对比图

(1)终身学习；

(2)喜欢挑战；

(3)愈挫愈勇；

(4)相信努力；

(5)拥抱批评。

这种思维将成为小明成长的原动力，帮助小明克服将要面对的每一个困难。

时刻寻找改进之处

2017年9月29日，星期五，风和日丽。

对于初入职场的小明来说，这段时间接触到的人和事都很新鲜。每完成一项工作，都会有所长进，这是一种十分美妙的感觉。

时间就这样过得缓慢而充实，不知不觉入职已近三个月，到了小明需要做第一次工作总结的时候。

“小明，今天是你试用期的最后一天，我想听听你如何评价自己的表现。”皮经理邀请小明来到自己的办公室面谈。

“通过三个月的努力，我觉得自己的适应能力强，适合做采购，跟同事的沟通也很好。”

听到这里，皮经理连忙摇头，打断小明说："适应能力强、沟通好等优点都是你天生具有的特质，不是你在这三个月里习得的。

"我想了解的是，在工作中你有没有发现可以改进的地方。比如，你对工作的专注度是否足够？当其他部门的同事需要你提供帮助时，你会不会很快地响应？当你熟悉工作后，你会不会预先行动，以防止出现任何问题？

"我希望你对做过的事情进行分析和总结，通过不断反思来找到改进的方法。"

虽然皮经理对事不对人，但是他的管理风格却令小明感到窒息。缺少鼓励和赞扬，而是一再强调发现问题、分析问题、解决问题，直到在工作中不会出现问题。

这是对"痛并快乐着"的最好诠释吧，小明在心中默念道。

"经理，我对待工作一直全力以赴，但是总结确实做得不够。我会仔细想想，时时改进。"虽然被皮经理逼得喘不过气来，但是小明仍要咬紧牙关，迎头赶上，满足皮经理的要求，因为他渴望尽快成长为一名称职的采购人。

"我每天睡觉前都会拿出十分钟来总结今天做了什么，明天需要做什么。有哪些话说错了，哪些事没有做对。如果再次发生，我应该如何做好。这样才能不断改进，避免再犯相同的错误。"临了，皮经理不忘分享自己的经验，给小明提供可以借鉴的方法。

平心而论，在这三个月的时间里，皮经理对小明的印象是相当不错的，同事们对小明的评价也很好，都说小明做事不拖泥带水，是个很积极要求进步的人。

"希望小明能把注意力放在不断改进上，假以时日必将独当一面。"

皮经理对小明的未来充满期待。

采购的岗位分工

2017 年 10 月 9 日，星期一，阴雨绵绵。

从入职到现在，作为采购助理，小明已经对采购部的工作有所了解，懂得从哪里获取数据，以完成日常所需的各类报告。看到小明做事很用心，皮经理认为如果让小明在助理的岗位上一直做下去会屈才，况且采购部的人手不足。综合考虑小明的职业发展和部门需要，皮经理决定再次邀请小明商谈。

“小明，今天我给你介绍一下采购的岗位分工，让你对采购工作有更进一步的了解。你看咱们部门的组织架构，有直接材料（简称直材）采购、固定资产采购和非生产性材料（简称 MRO，Maintenance，Repair 与 Operation 的首字母）采购。

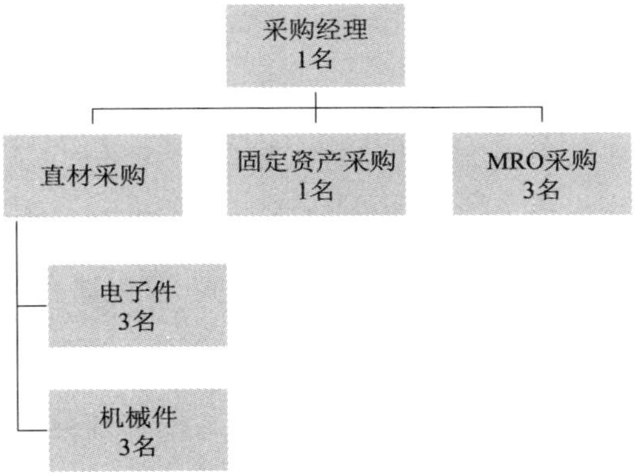

天波公司采购部组织架构图

“直材采购注重流程管理和供应商关系管理，采购员需要学习寻源、询价、谈判、合同管理、供应商管理，甚至项目管理、战略采购等商务技能和战略分析技能，要有扎实的专业背景。

“固定资产采购和 MRO 采购注重满足产品或服务的要求和内部协同，采购需要对品类精通，要有很强的沟通能力和商务技能。

“在试用期，你向我展现了良好的工作素养和积极的工作态度，我对你的表现十分满意。如果一直让你做助理，我担心会浪费你的才能，所以我想进一步培养你做采购员。

“你自己有这种想法吗？想做哪方面的采购工作？会不会觉得吃力？”

皮经理用关切的语气说话，表现出对小明的尊重，希望与他达成一致。

其实这也是小明梦寐以求的机会。在参加工作的这段时间里，每每看到有供应商到访，采购员主持会议，侃侃而谈时，小明就憧憬着自己有一天可以成为管理供应商的采购员，而不是迎来送往、端茶递水、准备文件的采购助理。

“我想做直材采购。”小明略加思考后，坚定地说。

皮经理嘴角上扬，微微一笑，好奇地问：“为什么呢？”

“因为做直材采购能够学到更全面的采购知识，是一个很好的起点，能够帮助我更快成长。”小明直言。

“好小子，初生牛犊不怕虎。”皮经理心想。

“好，从现在起，你将负责一部分机械件的采购工作，直接向我汇报。这是一个有点复杂、有点挑战的品类，我对你的要求很高，希望你在工作中不断思考如何做得更好，尽快达到我的要求。”皮经理生怕小明把工作想得过于简单，放松对自己的要求，便故意给小明施压，以促使小明更加努力工作，快速提升自己的能力。

这就是职场，想要获得更多，就要付出更多。

“听起来很有挑战，也会很有收获，我一定全力以赴。”此时的小明，就如同一颗刚刚埋进土壤里的种子，对阳光和雨露有着急切的渴望，盼望自己在职场里早些生根发芽，这与皮经理的期待不谋而合。

小明离开后，皮经理坐在办公室回想刚才的一幕，心想，“对于小明这个才入职三个月的大学生来说，这样的转变会不会太快了？他到底能不能适应新的角色呢？恐怕我要耐心一些，不能操之过急，多拿出时间指导小明，希望小明不要辜负我的良苦用心。”

成本的概念

2017 年 10 月 13 日，星期五，夏日褪去，微风徐徐。

已经转岗到直材采购的小明，在周五下午忙里偷闲，梳理这一周的收获。

“我发现，直材采购的主要绩效指标就是降本。那么，想要管理成本，就要知道成本的概念。”小明在心中推导着。

“那么，什么是成本？企业的成本都是由什么组成的呢？这个知识我在大学里没有学过，需要查一查。”想到这里，小明开始动手在网上搜索。

百度百科对成本的概念是这样定义的：

成本是生产和销售一定种类与数量产品以耗费资源用货币计量的经济价值。企业进行产品生产需要消耗生产资料和劳动力，这些消耗在成本中用货币计量，就表现为材料费用、折旧费用、工资费用等。

看着如此教条的定义，小明似懂非懂，因为他需要更加具体明确的成本知识，而不是如此概括的描述。

于是，小明来到皮经理的办公室向他求教。

“是个好问题。”皮经理首先肯定小明善于思考的精神。开始向小明讲解。首先，采购员要知道企业的利润＝销量×（单价－单变成本）－固定成本。

那么问题来了，什么是固定成本？

固定成本（又称固定费用）相对于变动成本，是指成本总额在一定时期和一定业务量范围内，不受业务量增减变动影响而能保持不变的成本，如设备、厂房等固定资产。

那么，什么又是单变成本呢？

单变成本指支付给各种变动生产要素的费用，如购买原材料及电力消耗费用和工人工资等。这种成本随产量的变化而变化，常常在实际生产过程开始后才需支付。

如下图所示，只有当销量达到一定程度，企业赚取的利润可以抵销单变成本与固定成本之后，企业才能开始赚取利润。

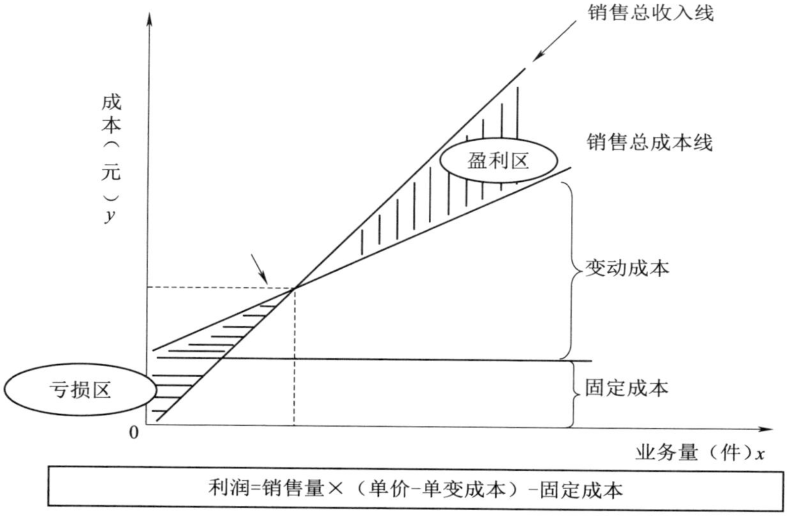

企业盈利图

从另一个角度理解，采购如果能降低原材料费用和固定资产采购费用，就可以帮助公司早日达到盈亏平衡点，尽快盈利。这就是采购降本的意义。

指着桌子上的培训资料，皮经理把利润、销量、单价、单变成本和固定成本给小明讲得一清二楚。

“我明白了。”凝视着这张图大约一分钟，小明终于想通了其中的道理和各要素之间的关系。

“说来也巧，本来我想下周开会时给大家讲成本。既然你先问了，这件事情就交给你了，由你向大家讲授成本的知识，可以吗？”皮经理微笑着望着小明，心想“我可不能白白教你哦”。

既然已经具备了成长型思维，小明自然愿意接受挑战，迎难而上。

“我会好好准备，如有疏漏，到时请您多多指点。”

采购要学软技能

2017 年 10 月 23 日，星期一，秋风渐起。

在之前的日子里，小明的主要任务是熟悉企业文化和工作流程，学会与领导沟通，与同事协同，能够独立完成基本的商务工作。但是在采购的实际工作中，不是单单执行流程那么简单。很快，真正的挑战来了。

“客户必须在 24 小时内拿到样品！”项目经理向小明吼道。

这是一个轴承，客户要得很急，但是现在国内短缺，库存也没有。而项目的时间节点不容错过，否则天波公司会被客户处以巨额罚款。

“货我找了，根本就没有，逼死我也变不出来。”可怜的小明已经彻底放弃。

项目经理摇摇头，跑去找皮经理。

过了一会儿……

“小明，你来我办公室，咱俩聊聊。”皮经理笑着跟小明说话。

皮经理这一笑，倒吓到小明了。

“唉，这次说不定闯了大祸。”小明的心理防线已经被彻底攻破，自己已经在做最坏的打算。

“我刚才给一家欧洲的供应商打了电话。他们在仓库里找到了这个轴承，今晚会派人坐飞机手提过来。明天上午到达工厂后，实验室会组装好，下午派人手提送到客户那里，这样就能够满足客户 24 小时内拿到样品的要求。”皮经理的话风轻云淡，仿佛这是一件能够轻易办到的事情，并没有责怪小明。

“还可以这样解决？”小明大吃一惊。

“小明，我想跟你说的是，**在工作一段时间后，你要学习一些有用的软技能，比如情绪管理。**刚才你对项目经理的态度已经情绪化了。

“首先你因为极大的工作压力产生了逃避心理，大脑已经停止思考解决问题的方法；接着你彻底放弃了自己的职责，不去考虑事情的后果；最后你说话的语气甚至有些粗野。

“你应该提醒自己，**无论在何种情况下，都要以目标为导向，想方设法做到，**而不是坚持说自己做不到，否则你很难成为出类拔萃的采购员。今天的事情是一个很好的教训，我希望你认真反思。”

“我会牢记教训，控制好情绪，把注意力放在解决问题上的。”听了皮经理的劝告，小明知错就改。

小明离开办公室后，皮经理想起刚才项目经理冲进办公室，要求开除小明的那一幕。为了保护小明，自己亲自给欧洲供应商打电话，幸运地买到轴承，最终摆平了此事。

皮经理暗自苦笑道：“这件事对于工作经验不足的小明来说的确太有挑战了，也暴露出他在高压下处理复杂问题能力的不足。培养一个人不容易，希望小明快快长大吧。”

好采购的三个特质

2017 年 11 月 1 日，星期三，小雨渐凉。

这段时间小明虽然十分感激皮经理的谆谆教导，但是毕竟工作经验不足，欠缺很多专业知识，有些工作开展得不顺利。有时会自然而然地否定自己，怀疑自己的职业选择，想着或许换一份工作还来得及。

皮经理发现小明最近工作状态低迷，认为小明一定是有心结，需要好好疏导一下，便再次找小明谈心。

“我认为采购工作不是人人都适合的。”小明已经学会如何婉转地表达自己的苦恼。

“说来听听。”皮经理多少猜到小明的困惑，引导小明自己说出来。

“我也不知道该怎么说，经理，你认为什么特质的人适合做采购呢？”小明无法梳理清楚自己的困惑，于是把问题还给皮经理。

“我给你讲一讲之前发生过的三个教训吧。”

教训一：性格

几年前，小敏从行政部转到采购部，负责行政物资的采购工作。她在公司里是出了名的好脾气，无论多么琐碎的工作都能细心完成；当员工向她询问行政规定时，她总是不厌其烦地给员工讲解；当同事请她帮忙时，她从不拒绝。因此，所有人都喜欢她。

在转到采购部之后，小敏很快与供应商成为知心朋友。从工作到生活无所不谈，所有供应商也都很喜欢小敏，甚至在我面前夸奖她。我非常信任小敏，认为小敏是一名很称职的采购员。

但是，不久之后，我发现了一个很严重的问题，就是小敏无法取得任何业绩。从谈判到成本分析，小敏都做得一塌糊涂。她经常拿着供应商在各个科目里都暗藏利润的报价单，找我说供应商已经降过价了，已经没有什么利润了，请我签批。当我指出这份报价单暗藏着的巨大利润后，小敏仿佛被供应商和我夹在中间，左右为难，不知道应该怎么办。

直到我给小敏下达了最后通牒：“我认为你不适合做采购。”小敏仍然没有任何改进，最后只能回到行政部做文员，不久后就离职了。

听到这里，小明已经猜到小敏不适合做采购的原因——她太软弱。

“那么，还有什么特质是好采购必备的呢？”小明问。

教训二:能力

老方是一位年过40的老采购。乍一看他的学历和背景都相当不错,但是他却从来没有被升迁过。

加入天波公司的第一周,采购部为老方安排了工作流程培训。我对他寄予厚望,把最重要的品类交给他管理,希望他把外部公司的好方法引进来,为公司取得更好的业绩。

老方答应得很好,我很高兴。但是很快,我发现老方仿佛"记忆力不好",刚给他讲过工作流程,他回头就问应该怎么做。把流程文件发给他看,他又说没时间看,也不知道他上班在干什么。总之,就是答应得很好,学得却很慢,工作接不起来。

很快,使用部门向我投诉老方,说:"老方把价格和供应商定了也不跟我们打招呼,结果送来的东西经常是错的,而且价格比原先的供应商贵,你这个采购经理是怎么管的?"

我这才意识到,老方是如此的"粗心大意"。在与老方交谈时,我发现老方根本不接受别人的观点,认为做采购就是要自己决定和哪个供应商合作以及决定产品的价格,还自认为很专业。

最后我彻底绝望,趁着试用期还没有过便请老方离开。

"那么老方到底是因为什么被要求离开的呢?"皮经理接着问。

"是他的能力不行,活儿干不好。"小明回答。"好采购的第三个特质是什么呢?"

教训三:情商

老何刚来天波时,对薪水很满意。

刚刚加入公司,老何便迫不及待地找我表达自己的"创新想法"。

"现在已经进入大数据时代,我们为什么不通过IT技术寻源呢?"

我一愣，不知如何回答，因为天波公司并不缺供应商。

实际情况是，很多供应商都已经与天波公司合作十几年了。一方面，在年年降本的情况下，价格已经很低了；另一方面，供应商熟悉公司的工作流程和人员秉性，双方合作起来既信任又默契。因此我没有采纳这个建议。

一般来讲，这种事也就到此为止了。没想到老何一根筋，在公司里逢人便说自己的想法是如何合理，而我却不采纳，还向别人打听我与某些供应商是不是有特殊关系。

最后我忍无可忍，找了一个理由让老何走人。

那么，老何为什么会被要求离开呢?”皮经理问。

“是他口无遮拦，恶语伤人。”小明回答。

“都对。所以你要引以为戒，在性格、能力和情商三个维度上不断修炼，才能成为真正的好采购。”皮经理语重心长地说。

“感谢经理直言相告，我会引以为戒，及时调整自己，以适应采购工作的需要，我一定能够做得更好。”小明理解得很透彻。

有了正确的认知，小明便找到了方向，工作状态也就随之恢复了。

不做，就永远不知道

2017 年 11 月 10 日，星期五，北雁南飞。

秋天总是给人一种梦幻的感觉。

行驶在高速公路上，看着不远处的一片小树林，地上铺满落叶，就连树枝也变成了金黄色，宛如梦境一般。

“这家供应商的管理能力不行。”在疾驰的轿车里，坐在后排的采购员小李与坐在同排的质量工程师交流着访问新供应商后的感受。

小李比小明早一年入职天波公司采购部，年长小明几岁，他头脑很灵活，做事效率高，就是有些毛躁。

“什么事情都得经过老板，员工连个文件都找不到，这么管肯定不行。”小李接着评论道。

坐在副驾驶的小明听闻此言，心中暗想，“为什么这家公司会这么管理？是真的不懂，还是没有更好的方法呢？难道老板心里不清楚吗？”

这是一家低利润的加工厂，虽然有 100 多名员工，但是除了销售经理，其余员工都是低学历。因此，所有的事情都要由老板来管理。这个管理并不是指做决策，而是事无巨细地一手抓。久而久之，员工都变成了不会思考的机器，离了老板什么事情都做不了。

因此，在采购眼里，它的效率很低、风险很大，是无法令人放心的供应商。

“应该怎么管理呢？”没有供应商管理经验的小明，转头询问年长几岁的小李。

“这个嘛？企业要有人才啊！老板要懂得分权，企业才能做大。”小李的观点貌似正确无误。

“真的是这样吗？”小明在心里打了一个大大的问号。

几天之后，小明来到一家规模相似的供应商工厂，发现该供应商的管理方式与上次拜访的供应商如出一辙，不禁诧异起来。在吃午饭的时候，小明不禁开口请教老板，为什么要这么管理企业。“就不能引入职业经理人，把企业做大吗？”

这种问题，也就只有像小明这样不了解中小企业的人才会问。

供应商的老板笑了笑说："很多事情不是你认为会那样，就会那样。你想过的事情，我都做过，也很愿意与你分享。"

老板端起茶杯嘬了一口，接着说："几年前，我曾引进职业经理人做总经理，自己甩手。结果人家来了就发现公司的人员素质和组织方式都不行，提出很多改进方案。我信以为真，便决定放手让他去做。你猜结果怎样？"

"应该会有很大的改进吧。"小明是这么想的。

"结果就是成本翻倍，市场缩减，企业差点倒闭。"

"怎么会呢？"

"职业经理人看得上的人才，都是高工资高学历的，是我用人薪资的两倍不止。因为之前在高利润企业做过，他居然挑选客户，结果把一些老客户都给得罪了，纷纷撤销订单。半年之后，我不得不请他离开，自己重整队伍，把老员工请回来。从那以后，我再也不放权了。我也知道，这些老员工的能力很有限，但是在我事无巨细的管理下，起码企业能够正常运转，成本能够控制得住，我们的价格在市场上能够站得住脚，企业还有生存和发展的机会。其实我也不想这么累，但是企业在这个阶段就是需要我亲自抓。"老板说的都是大实话。

"那么，当企业做大了是不是就可以轻松点了？"小明试着安慰老板，但这在老板眼里又是一次纸上谈兵。

老板摇了摇头，笑着说："做大？谈何容易，回想创业这十年，有多少同行没有熬过来。我现在能够生存，而且生存得还不错，就已经很好了。"

"创业这么难啊？"小明还是一知半解，似懂非懂。

老板无奈地摇摇头说："你不做，就永远不知道。"

通过这段对话，小明得到的启示是：

(1)供应商面临什么问题，老板心里最清楚，除非有十足的把握，采购员不要妄加评论，乱出主意；

(2)很多事情只是看上去很美，做起来不是那么回事。倒不如脚踏实地，把眼前的工作做到极致，发展的机会自然就会出现。

采购部的文件管理

2017 年 12 月 6 日，星期三，天寒地冻。

这几天小明过得挺轻松，因为皮经理休假，部门的工作节奏自然慢了下来。就在小明想着下班后去哪儿吃饭的时候，手机铃声突然响了起来。是皮经理打来的，“一定有什么着急的事情，”小明心想。于是赶忙接听。

“最近忙不忙?”皮经理在电话那头客气地询问。

面对这个职场通用问题，年轻的小明已经知道如何回答。

“工作一般都能在 8 小时内完成，偶尔需要加班。”这么回答，既显得自己能够胜任工作，又显得工作量刚好饱和。

“不错，我刚才接到质量部的通知，明天要内审，为期三天。你做过经理助理，对部门的流程和文件熟悉，你能代我做好吧!”

小明本能地想要推脱，但是转念又一想，这是一个很好的了解企业内审的机会。

“好啊，我可以学到很多东西。”小明直言不讳。

“我相信你的能力，重点是内审员要记录什么，你就提供什么，应该没有什么问题。”皮经理说得就像自己把部门管理得天衣无缝似的。

“这就好。”小明虽然表面迎合，但是心里没底，因为他很清楚，部门内有些员工根本就不做文件管理，不出问题才怪。

第二天，事先安排好的内审会议开始了。

“小明，请您说说采购部都有哪些管理文件？”内审员非常专业，按照既定的流程开始审核。

“你问这个干什么？”小明不解。

“你是采购部管理者的代表，你应该知道部门依据什么来管理。”内审员颇有不悦。

“哦，我们有《供应商管理手册》和《供应商准入制度》。”小明仅凭日常工作中接触到的管理文件回答。

“你说得很对。能给我讲一讲它们的内容吗？”内审员在不动声色地考验小明。“《供应商管理手册》包含寻源、竞价、合同、供应商绩效考核等内容，而《供应商准入制度》包含供应商的分类和准入审批流程。”

“非常好。那么请问，采购部的合格供应商名录放在哪里？”内审员其实已经感觉到小明并不十分熟悉管理文件的内容，所以继续追问。

“这个我不清楚。”小明实在想不起来，不敢乱说。

“这是一份受控文件，意味着发布的版本已经保存在公司的文件管理系统中。”内审员好心说道。

“哦，学到了。”小明感到很不好意思。

“既然管理文件清楚了，接下来就要检查记录是否规范。首先，我还得向您请教，采购部都有哪些记录文件？”内审员讲话虽然客气，但是锋芒毕露。

“这个我知道的，有以下记录：

“(1)保密协议；

“(2)供应商自评表；

“(3)供应商的ISO证书；

“(4)质保协议；

“(5)供应商准入批准；

“(6)图纸发放记录；

“(7)订单；

“(8)合同；

“(9)首件检验报告；

“(10)APQP；

“(11)PPAP；

“(12)供应商审核报告；

“(13)审核问题关闭记录。”

小明毕竟做过采购助理，对记录文件非常熟悉。

“这次回答得很完整。那么，接下来我要抽检了……”

三天的内审很快过去，由于记录填写不规范等问题，采购部被抓了个现行。皮经理在管理会上只能表态说虚心接受内审结果，立即开始整改。

得知此事后，小明非常自责，认为是自己把内审搞砸了，不好意思见皮经理。看到小明的精神状态不好，皮经理主动找到小明说：“这次内审，我对你的表现很满意。”

“捅了这么大的篓子，您不骂我就行了。”小明心想，皮经理真会开玩笑。

“绝对没有，我是这么看的，在内审时尽量多地暴露问题，要比在外审时被发现问题强上百倍。也怪我平时只抓业务，疏于管理，导致这么多记录填写得不完善，是该让相应的采购员重视起来了。”皮经理很善于反思。

“接下来，你要与每一位采购员做一次 100％的检查，确保补齐记录。”想清楚后，皮经理立即给小明指派任务。

“谢谢领导信任，我也想把问题彻底解决。顺便，我还想把记录的电子化存档做起来，收集和管理纸质记录太过繁琐。”

“很好的想法，放手干吧，我等着你的好消息。”皮经理满意地笑了。

当岗位变动时，如何做好交接

2017 年 12 月 15 日，星期五，近来下过几场雪，道路泥泞。

内审过后，有一个开口项迟迟无法在审核报告中关闭，就是“当岗位变动时，如何做好交接”。

在审核时，当内审员询问某供应商的准入批准记录，小明是这样回答的：“这是我新接手的供应商，所以并不了解情况。”

“铁打的营盘，流水的兵。采购部的文件是怎么管理的？”内审员并不接受小明的说辞。

“文件管理倒是有，我之前也介绍过，只是在岗位变动时没有交接。”小明挠挠头说。

“但是，刚才我审核的小李的文件，都是面面俱到，这怎么解释呢？”内审员还是不解。

“这个分人，有的人交接工作细致，存档完整，有的人真不行。”

“我会建议采购部想一想，在做岗位交接时，到底应该如何做好。”

“这是一个好问题，我会带给皮经理。”小明随声附和。

下午，皮经理刚刚开完管理会议，回到自己的办公室，就见小明早已经等在那里。

“你是怎么想的呢？”听完小明的汇报，皮经理反问。

“我仔细想了一下，结合自己岗位变动的经验，认为岗位交接的内容应该包含四个方面。”小明接着说。

皮经理一听来了兴致，问道：“哪四个方面呢？”

“一是近期已完成和未完成的事项；

“二是所有与供应商有关的记录，如准入批准记录、合同、订单、质保协议等涉及管理文件要求的，以便应对审核。

“三是对新老供应商的介绍，并留下联系方式。

“四是 ERP 系统里还没有完成的工作，如正在建立的新的供应商，要下还未下的订单，要收还未收的货以及发票问题的处理等。”

“很好！你这样回答内审员就可以关闭这个开口项了。下周部门例会，你把这四个方面跟大家讲一讲，形成制度，免得以后在审核中丢三落四的。当然，这里也有我的责任，对细节抓得不严，才导致在工作交接时漏洞百出。”作为实干型领导，皮经理一直非常坦诚。

如何做好时间管理

2017 年 12 月 22 日，星期五，大雪，大地银装素裹。

在小明入职近半年的时间里，皮经理对小明的态度和悟性十分认可。但是毕竟这是一个竞争异常激烈的年代，皮经理认为有必要提醒小明，不能光依赖工作时间学习采购专业知识，还要利用好业余时间。

“最近在学习什么吗?”皮经理关切地问。

“有打算读 MBA，但是一直无法行动，下班之后总有朋友聚会或者自己在家看剧，然后上床睡觉。就这样日复一日地，唉。”小明不好意思地挠挠头。

皮经理微微一笑，对小明说:“我能理解你的情况，但还是要嘱咐你。除去工作时间和睡眠时间，一个人剩余的时间大致有两种用途:一是用来消遣，比如打游戏、看连续剧、读小说等;二是用来学习，比如学外语、学专业技能、提高学历等。

“一个人在少年时，大部分时间都在为了学业而忙碌，剩余的时间几乎都在懵懵懂懂中白白浪费掉了。

“在开始工作后，人的角色发生了变化，从一个被花钱被养育的人，变成一个挣钱养家的人。这时，个人要把更多的时间用来学习，做到‘**人无我有，人有我精**’。

“在退休后，个人应该利用时间做自己喜欢的事，比如学烹饪、学插花、学茶道、学跳交谊舞等。

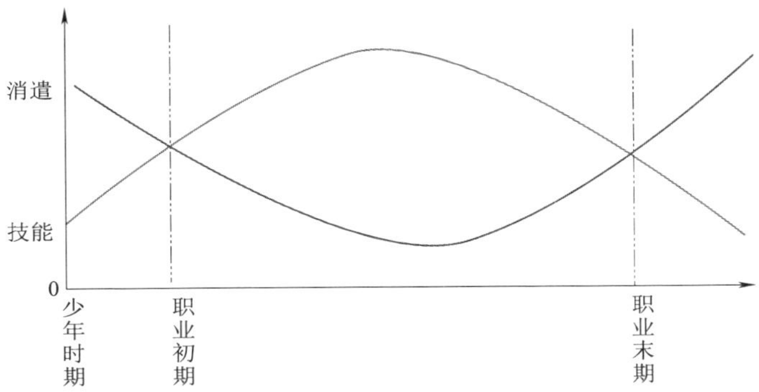

不同时期的角色变化

“小明，我能理解一个人刚刚从学生转变为工作者，有时是处于被动状态的。但你要尽快调整好状态，把更多的时间用在提升自己的技能上，才能尽快完成角色转换，你的职业发展才会越来越好。要知道，这是一个充满竞争的社会，**有很多与你同龄的人比你更努力。**我希望你能够做好时间管理，利用好业余时间。”

“那我先从阅读采购管理类的专业书籍开始，学习实用的工作方法，增加解决问题的能力，**树立‘人无我有，人有我精’的目标**。”小明很快便制定了切实可行的学习方案。

“重在坚持。有好的知识也可以跟我分享一下。”皮经理满意地点点头。

劳动与努力的差别

2017 年 12 月 29 日，星期五，大雪纷飞，气温骤降。

在忙碌的工作中，在夜半的读书中，在睡前的反思中，小明步入职场的前六个月如溪水般缓缓流走。

此时此刻，小明终于迎来人生中的第一次绩效考评。虽然在皮经理的督促和教导下，小明正在发生着很大的变化，就像是羽翼尚未丰满的小鹰，不停地在做起跳练习，憧憬着有一天能够振翅高飞。但是毕竟初入职场，与老员工相比仍有明显的差距，距离岗位要求仍有不足，也没有取得任何亮眼的业绩。小明在2017年的年终考评中，没有得到最佳的评分，只获得3%的平均加薪，还不及物价的上涨水平。

于是小明在心里产生了强烈的不平衡感，认为自己付出那么多努力，换来的只是一点点回报，便找皮经理诉苦。

小明问："在这六个月里，我已经很努力了，付出了很多，为什么公司给我的评价并不高呢？"

皮经理能够理解小明的心情，故意把说话的节奏放缓，引导小明正确看待考评结果。

"这是一个好问题。既然你那么努力，那么你说，你努力的目标是什么呢？"

小明立即回答："做好本职工作。"

皮经理摇摇头，缓缓地说："这是一个认知上的错误，很多人不知道劳动与努力的区别，便误认为自己很努力了，其实从来就没有努力过。"

"此话怎讲？"小明十分疑惑。

"请你想象一下这样的场景。农民天不亮就出门耕地，天黑了才回家，中午不吃饭，只喝很少的水，每年的收入很微薄，这在小学课本上叫什么呢？"

"农民伯伯在辛勤的劳动。"小明不假思索，脱口而出。

"对。你知道这叫辛勤劳动，怎么换到你自己身上就叫努力了呢？"讲到这里，皮经理故意停顿一下，观察小明的表情。

小明两眼发直，似乎不知所云。

皮经理接着问：

“你经常加班是努力吗？不是，是劳动。

“你晚上开会是努力吗？不是，是劳动。

“你周末出差是努力吗？不是，是劳动。

“那么什么是努力？努力与劳动的区别到底是什么？”

“我不太清楚。”小明羞得满脸通红。

“努力是你在每天加班之后、晚上开会之后、周末出差的路上，再抽出一些时间来学习跟工作相关的知识和技能，以便不断提升自己的竞争力，达到‘人无我有、人有我精’的程度。这其中，知识是你通过学习得到的，技能是你通过练习得到的。你只有通过学习和练习，才能将知识和技能转化为经验，通过经验产生变化，增加自己的价值，一旦有更好的机会出现，你比别人更有竞争力，从而把握机会、获得升迁，使得你的劳动能够换来更多的报酬。所以，你应该好好想想，你努力的目标是什么？”

听着皮经理激情澎湃的演说，小明恍然大悟，拍手称道：“原来如此。我努力的目标应该是抓紧一切时间超越昨天的自己，做到‘人无我有，人有我精’，才能获得最好的评价。”

从努力追求进步的小明身上，皮经理隐约看到初入职场时的自己，都透着一股傻傻的拼劲儿。

“**快乐＝能力－期待**。你现在之所以不快乐，是因为期待过高，而能力不足。接下来努力提升能力吧。别灰心，你的进步已经很快了，我看得到。只是你进入职场的时间尚短，理所当然的，本年度部门考评出来的最佳绩效名额不会给到你。假以时日，相信你一定会取得更好的成绩。明年继续加油，不断精进，一定会有满意的回报！”皮经理给小明打气。

“我一定会做到。”小明坚定地回答。

截止到 2017 年底，皮经理通过讲述采购的工作内容、成长型思维、成本的概念、一名好采购员的特质以及如何做好时间管理，树立“人无我有，人有我精”的目标等采购新人必备的知识，在小明心中播撒了快速成长的种子，这颗种子是由正确的价值观和方法论构成的。

在以后的工作中，这颗种子将在小明心中生根发芽，给予小明成长所需的力量和勇气。

进入 2018 年，小明将会面对哪些困难，发生哪些故事，获得哪些成长呢？请您继续阅读第二章“学会运用商务技能”。

02

第二章

学会商务技能

自2018年初，小明明显感到皮经理在有意无意地对他“加码”。一方面委派小明负责更多品类的采购工作，另一方面要求小明取得更多降本业绩。

但是小明毕竟工作时间太短，对询价、谈判、成本分析等基本的商务技能缺乏了解。看到这种情况，皮经理决定手把手教小明如何运用商务技能。

在熟练运用商务技能之后，小明接到皮经理给他出的一道超难题。这既让小明痛苦，又让小明蜕变。最终小明依靠自己的毅力和智慧，解开了这道超难题。这个过程又给小明带来怎样的挑战和成长呢？

如何善意地表达拒绝

2018 年 1 月 4 日，星期四，路有积雪。

“小明，虽然工作不到一年，但是我发现你的进步速度很快。”皮经理今天不忙，心情不错，主动找小明谈心。

“谢谢经理认可。我并不觉得自己聪明，好在您总在教导我，给我指引方向，从您的身上我学到了很多。”

“别这么说，你们是一整批大学生进公司的。我听说有的大学生在上班的第一天就把聊天软件装到电脑上，整天嘻嘻哈哈的，一点长进都没有。职场上有个金句叫作，**谁痛苦，谁改变，谁成长，谁受益**。你不惧挑战，喜欢迎难而上，是个实践者，自然也是受益者。”皮经理很少这么赞扬员工，搞得小明不明所以。

“但是，”皮经理话锋一转，“有供应商向我表达了不满。我调查了一下原因，并不是你有什么错，而是你在与供应商沟通时，造成了他们的误解，我已经帮你做了澄清。”

“在工作上，我从来没有私心。”小明不知道皮经理暗指什么，赶忙表态。

“所以，我得教你一些与供应商沟通的好方法，你要认真学习。”

“嗯嗯。”小明点头称是，心想领导还真喜欢“先扬后抑”。

“在工作中，采购常常需要拒绝供应商的某些请求。尤其是在一次招标结束后，如何对落标的供应商善意地传达结果，是采购人员开展商务工作的必修课。接下来，我通过三个真实场景和对应的表达方法来教你。”

场景一

一家新供应商主动找到采购部人员询问做业务的机会。采购员考察后发现，甲方目前没有适合该供应商做的业务或者不想替换掉现有供应商，应该怎么说？

“感谢你关注我司的业务。我司致力于发展长期稳定的供应商关系。我司对现有供应商的表现很满意，所以今年不会考虑开发新供应商。我司会向每一位供应商提供平等的竞争机会，将来如有业务机会我会联系您。谢谢！”

解析：

采购员要规避供应商诬陷采购人员有特殊供应商关系的风险。所以，采购员要明确表明该决策是出于公司战略而不是个人决定，并且郑重声明公司的采购策略是搭建在公平公正的基础之上的。为了满足将来可能发生的业务需求，采购员应保留销售的联系方式。

场景二

在与供应商谈判时，供应商提出如果再降价5%，采购员要保证把业务给他。但是采购员还想跟别的供应商再谈降价，应该怎么说？

“再降5%对贵司拿到业务很重要。如果确认降5%，我可以保证在供应商定点前给你最后报价的机会。只有在你帮助我完成业绩的情况下，我才能帮助你完成业绩。所以我们需要彼此信任、协同作战。谢谢！”

解析：

供应商有意愿降价是好事，但是提出的条件过于激进。尤其是在该供应商的报价与其他供应商接近，其他供应商也可能降价5%的情况下。所以采购员需要一个缓冲时间与多家供应商谈判，不能直接承诺供应商。虽然不能直接承诺供应商，但是采购员也需要引导供应商承诺降价5%。这就需要拉近双方的距离以取得销售人员的信任并承诺给予最后的报价机会，作为供应商降价5%的回报。

场景三

供应商降价5%，也得到了最后的报价机会。可惜他的价格始终比最低的报价高一点，采购员不得不选择价格最低的供应商，应该怎么说？

"本次招标因为价格竞争力的问题，贵司没有得到该业务。这不会影响贵司正在报价或将要报价的新项目。我司与参加本次招标的所有供应商都签署了保密协议，本次各家供应商的报价被视为保密信息不予公布。如对本次招标结果有疑问，贵司请于收到邮件后三日内提出，逾期我司不予答复。感谢贵司对我司的一贯支持！"

解析：

一方面，采购员需要说清楚选择供应商的依据，让供应商明确未中标的原因；另一方面，采购员要给供应商吃一个定心丸，告知此次落选对新业务不会有影响，以免供应商因为过分沮丧而产生过激行为以影响长期合作。为了避免个别不讲道理的供应商纠缠不休，采购员应书面说明不会公布中标价，以免供应商在得知中标价后出于报复心理，报出更低价格扰乱招标规则，令采购人员狼狈不堪。设置三天的沟通时限就可以有效避免供应商长期干扰采购员的工作。

"可见，通过善意的表达，采购员可以在获得最低价格的同时，维护和谐的供应商关系，树立良好的商务形象。你学会了吗？”皮经理微笑地看着小明。

“要点我都记下来了，谢谢经理。”虽然不知道是哪家供应商投诉自己，但是小明并不担心，因为身正不怕影子斜。再加上皮经理教授的沟通技巧，小明反而觉得工作会越来越轻松。

“心态很好，我对你完全信任，加油！”临了，皮经理不忘再次给小明打气。

供应商资源的重要性

2018 年 2 月 23 日，星期五，寒流来袭。

这是春节后的第一个周五，员工都已经上班，机器也满负荷运转了。就在大家撸起袖子加油干的时候，车间却发生了紧急情况。

“稀释剂马上就没有了。”生产经理冲进采购部的办公室，找到负责稀释剂的采购员小明。

“这是从德国进口的，最快也要一个月到货。”小明两手一摊。

此时，恰好走进办公室的皮经理看到这一幕，出于好奇，向生产部经理询问了原委。

“是工人的疏忽，就想着怎么过节，忘记查验大桶中稀释剂的存量，今早才发现没剩多少了，刚‘举手’。”生产部经理紧张地眨眨眼睛，脸色由白变红，显得很不好意思。

“事已至此，多说无益。小明，你有什么解决方法?”皮经理把脸转向小明。

“我刚才一直在想可行的办法，有两点:第一，在网上找货，虽然快，但是未经认证，可能有假货，不可取;

“第二，在合格供应商名录中搜寻所有的代理商，因为每个代理商都可能代理很多种产品，向他们广撒网，看看能否找到国内其他客户的库存货或者替代品。这是唯一可行的办法。”

听到小明分析得头头是道，皮经理也点头说:“就这么办，赶紧找。”

很快，小明发现天波公司的合格供应商名录中有很多化学品的代理商，在逐一询问的过程中，他发现有一家代理商有一款美国进口的稀释剂，可以替代德国品牌，于是赶紧询价。对方立即回复:108 元/5 L。这个价格居然比德国进口价格每 5 L 便宜 2 元，但是小明想起采购谈判的第一条战术，就是绝不能接受供应商的第一次报价。(详见我的专著《采购谈判:高效赢得谈判的实战指南》)，于是要求代理商降价。

代理商随即提交了一份报价分解，上面列出了关税、运费和清关费，以证明价格合理。看到这份报价，小明突然想起来之前有两家代理国内品牌稀释剂的代理商登门拜访过，当时的报价是每 5 L 90 多元，但是都未通过质检。

聪明的小明立即想到了什么，赶忙去到美国稀释剂的官方主页上查询，发现他们在中国有工厂，于是要求代理商报国产稀释剂的价格。代理商惊讶于小明对该品牌的了解，不敢隐瞒，于是报出 98 元/5 L 的实在价。很快，稀释剂的样品通过了质检人员的测试。在收到小明的订单后，第一批稀释剂仅用了三天到达，这个棘手的突发问题便迎刃而解。同时，由于胆大心细，小明还为公司完成了降本和原料的国产化任务，得到了皮经理的赞扬。

问题解决之后，经过反思和复盘，小明总结了两个有用的知识点：

(1)供应商资源是极其重要的，采购人员一定要时时收集各类供应商的信息，以备不时之需；

(2)在处理紧急情况时，采购人员要保持冷静，使用正确的方法(如谈判、比价)，以结果为导向解决问题。

社交，供应商是我们的老师

2018 年 2 月 26 日，星期一，寒风刺骨。

已经意识到收集供应商资源重要性的小明，上周六参加了一场由西子供应链管理俱乐部组织的主题晚宴，以扩大自己的社交圈。

在来到活动会场之后，小明发现这里不但有采购同行，还有本次活动的若干赞助商。小明很好奇这些赞助商(即供应商)，是如何通过赞助晚宴识别目标客户并进行有效社交的。

经过仔细观察每一位赞助商的言行，小明总结出供应商社交的八个步骤，分别是：

(1)别人推荐。

当某位供应商老板想要加入某个采购团体时，最好的办法就是认识里面的某位核心成员。在核心成员的引荐下，加入这个采购团体。这样不需要认识很多成员。

(2)别人说好。

如果供应商老板一开始就做自我介绍，讲自己的优势，很多采购人员都是不会买账的，而是应该由引荐人介绍他如何好。

接着，会有 2～3 个人走出来，夸赞这家供应商，最后供应商老板再自谦地说“都是朋友们抬举”或者说“我还有很多不足的地方”。

这样会显得供应商老板有实力、有风度、有格局，而不是王婆卖瓜，自卖自夸。

(3)自我介绍。

在别人推荐和别人说好之后，才到了供应商老板的自我介绍环节。在这里，供应商老板会重点介绍自己的优势，并说出自己的需要。

(4)识别客户。

在做完自我介绍之后，供应商老板会快速询问在场的采购人员都有什么资源和权限，有何需要，以便尽快识别目标客户。

(5)共同爱好。

一旦发现目标客户，由于晚宴的时间、地点和时机都不适合交谈业务，此时，供应商老板会主动寻找与目标客户相同的爱好，从滑雪、喝茶、读书到子女教育，你会发现供应商老板无所不通，目的就是迎合采购人员的喜好，通过畅聊增进情感。

(6)交换名片。

畅聊片刻之后，就到了交换名片的环节。此时，供应商老板会把精心设计的名片双手递上，请目标客户笑纳。同时，供应商老板也会期望目标客户赐予名片，以便日后联系。

（7）下次拜访。

拿到名片之后，为了开展业务，供应商老板会询问目标客户何时方便，安排下次拜访，以便深入交谈业务，获得战果。

（8）来这儿坐坐。

作为社交的尾声，在完成以上七个步骤之后，供应商老板会抛出他们经典的口头禅：“下次经过这里，一定要给我打电话，我来安排。”热情洋溢的结束本次谈话，给足采购人员面子，为下次社交做好铺垫。

“没想到你的悟性这么强，只参加过一次采购社群的线下活动就把社交的一般流程给总结出来了。”周一一上班，在听完小明讲述活动过程和个人感悟之后，皮经理认为小明总结的这套社交流程颇为有趣，同时也惊叹于小明过人的总结能力。

“在社交能力上，毫无疑问，供应商是采购最好的老师，我们应该向他们学习。”这是皮经理与小明的共识。

独家供应与独家客户

2018 年 2 月 28 日，星期三，入春前的最后一场小雪。

“供应商A终于同意降价了!”快要下班时,小明兴奋地推开经理办公室的大门,急切地将这一好消息向皮经理汇报。

“能跟我说说是怎么回事吗?”皮经理有着采购人特有的小心谨慎,没有像年轻的小明那么兴奋。

“这是一家成立30多年的民营企业,有80多名员工,距离天波公司有110公里。有大约50个小批量的零部件由他们独家供应,供货绩效一直都很好,只是近几年都没有降过价。自半年前我接手以来,一直在给他们施压,同时停止给予新项目。这不,他们憋不住了,主动给我降价,一年3%,连续3年。”小明一脸的骄傲,自认为高人一等。

“他们很依赖我们的业务吗?”皮经理皱了一下眉头。

“是的,我们是他们的独家客户。”

“独家?你是说他们只有一个客户?就是天波公司?”

“是的!”

“我的天啊,那我们不是被他们绑架了吗?”皮经理直摇头。

“什么意思?”小明不解。

“他们那里有复杂的部件吗?容易切换吗?如果他们要挟涨价,我们有备选吗?”

面对这一连串的问题,小明有些慌乱,简单整理了一下思路说:“天波公司在他家一年的支出有2 000万元,这个采购额在供应商中能排在第20～30名,所以他家不是最主要的供应商。但是由于技术‘欠债’问题,是指由于他家长期供应某些部件,上面用的一些零件一旦有替换,可能不会被及时更新到图纸中,如果我们直接拿图纸找别的供应商做,很可能做出有问题的部件。因此,他家的部件难以在短期内切换,需要做产品验证。”

“这就是我担心的问题。还有，假如供应商 A 的资金链不好，一旦倒闭，我们的供应链也就断了，到时我们去给他的工人发工资，给他的供应商付货款?”皮经理一股脑地说出自己的顾虑。

“关于供应商 A 的财务问题，我询问过几次，老板说现金流很充足，不用担心。”小明觉得皮经理有些多虑了。

“供应商说现金流没有问题就没有问题了吗？你明天联系一下第三方财务风险评估公司，尽快拿出报告给我看看。另外，我需要你立即制作部件转移计划，确定在供应商 A 处的所有部件，可以转移给哪些供应商，需要多久，需要什么资源。”皮经理说话斩钉截铁。

小明对这个任务倒是很感兴趣，今天皮经理的思路是他以前没有想过的，在他看来很有道理，也很新颖。

“供应商 A 在同意降价的同时，提出什么条件了吗?”皮经理的提问还没有结束。

“对方要求签署一份为期三年的独家供应合同。”

“绝对不能同意!”皮经理的态度很坚决。但是，皮经理转念一想，毕竟年降会增加采购部的绩效，于是缓和了一下语气说:“这样吧，我们可以承诺一个百分比，比如对于某些部件，承诺至少 70％会从供应商 A 处采购。请你跟供应商 A 说清楚，除非风险很大、万不得已，天波公司不会考虑由多家供应商供应一个部件。之所以不能同意独家供应，是看到供应商 A 身上存在的巨大风险。你要知道，从风险管理的角度看，当我们在一家供应商处的年采购额超过对方年销售额的 30％，就会产生相互依赖的风险。其中，如果甲方更依赖乙方，乙方就可能“勒索”甲方;如果乙方更依赖甲方，一旦甲方大规模减产，乙方就有裁员或倒闭的风险，从而会导致甲方的供应链断裂。所以，从长远来看，我们要考虑把供应商 A 的部件全都转移走，除非供应商 A 能多开发几个客户，但这在存量经济环境下非常困难。”

听罢皮经理讲述的道理，小明眨了眨眼睛，说：“我会客气地向供应商 A 表达我们的观点，同时商谈取消独家供应的限制条款，而是约定一个比例。”

“还有，”皮经理又想到了什么，接着说：“我们的年降目标是 5%，供应商 A 只能承诺 3%，这不符合我们的要求啊。”

“你要知道，前几年他们都不同意降价，而且我做过比价，他们的价格不贵，所以在我看来，3%不是一个不可接受的结果。”小明很委婉地表达出自己的意见。

“有什么解决方案吗?”皮经理不依不饶。

“由于这个年降 3%完全来自供应商 A 与二级供应商的议价，我可以在合同中明确约定，将来在产品设计上节省下来的成本要单独算给我们，不能跟年降混淆。这样的话，加上工程师的智慧，还能进一步降价，完成我们的目标。”小明心知天波公司的工程师完全指望不上，但是聊胜于无。

“这倒可以，后续的事情还要靠你来推动。我再给你一周时间，你把以下三样东西准备好再来找我：

“(1)部件转移计划及备选供应商清单；

“(2)第三方财务风险评估报告；

“(3)关于非独家供应的谈判结果。

“如果都没有问题，我们在接下来的三年里继续与他们合作，否则就要启动转移计划。你明白吗?”

“我完全明白。提前识别和规避供应风险很有意义，我会全力去做。”小明喜欢学习、善于学习，他从不把领导的要求当成麻烦，而是视为一个自我提升的机会。

第二天，在小明向供应商 A 传达皮经理的决议时，由于担心一旦拒绝，整个业务会被移走，供应商 A 产生了强烈的危机感，当场答复，同意解除独家供应条款。之后，鉴于供应商 A 的财务状况良好，皮经理决定暂不启动部件转移计划，同意签署三年的供应合同。

就这样，在皮经理的指导下，小明取得了最完美的结果！

事后，小明反思自己与皮经理的差距，之前自己在与供应商 A 的谈判过程中，只是想到利益交换，没有去想独家供应与独家客户可能带来的风险。在皮经理的施压下，小明终于迈出了管理商务工作的第一步，不但意识到在谈判中要更加强硬，还知道要注意风险管理。这就是勇于面对挑战给自己带来的收获。

"小明最近表现很出色，工作不到一年就能取得降本业绩。他的成长一直都比同龄人快很多，应该奖励一下。"在一次管理会议上，当总经理问及推荐谁做月度优秀员工时，皮经理是这么说的。

流程再造

2018 年 3 月 6 日，星期二，春寒料峭。

一上班，小明就被皮经理叫到办公室。

“我想和你谈件事情。有一个零件，加工费是 5 元，价格没有变动，你为什么要更换供应商呢？要知道，保证质量很重要，老供应商更熟悉要求。”

听到这里，小明立刻明白是怎么一回事，于是将供应商更换的来龙去脉娓娓道来。

原来，天波公司需要采购一种零件，需求数量是每月 8 000 件，单件重 0.15 千克。公司没有加工能力，一直外协。

零件的制造工艺流程如下：

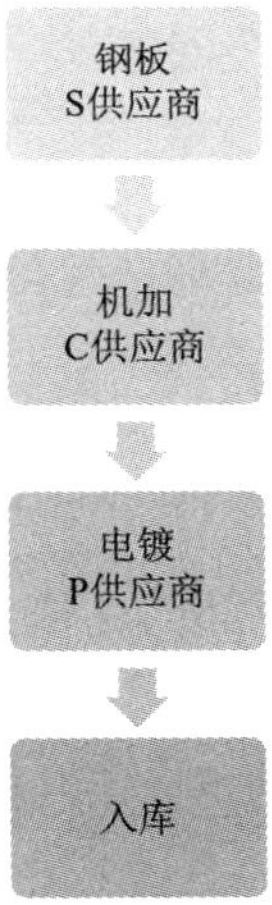

想要完成这个订单，小明需要：

(1)与 S 供应商结算材料费用。

(2)与物流商结算运费，包括钢材从 S 供应商到 C 供应商，加工件从 C 供应商到 P 供应商，电镀品从 P 供应商到公司，残料从 C 供应商到公司。

(3)与 C 供应商：

①确认加工图纸；

②确认材料的排版图；

③确认残料的重量；

④结算加工费。

(4)与 P 供应商结算电镀费。

在不考虑残料的情况下，零部件的成本如下：

单位：元

项目	材料费	机加费	电镀费	运费	合计
价格	2	5	0.5	0.5	8

经调查，小明发现这里存在三个问题。

(1)集中采购悖论。

公司使用大量钢材作为原料，有批量优势，因此公司决定自购钢材以获得价格优势。但这忽略了一个很重要的因素，就是恰当的质量要求。因为公司采购的是 6 mm 厚度中板，所以用在该零件上的也是。但是该零件根本不需要这么高的精度和抗变形性能。在与技术部门沟通后，技术员将材料调整为低价的开卷板。

(2)外协流程悖论。

当第一个问题解决后，公司自购材料已经没有意义，而是由 C 供应商负责采购开卷板并加工。

(3)采购寻源问题。

原先采购员需要管理四家供应商。现在可不可以把他们归集到一家供应商？所有工序都由一家供应商管理呢？

于是，小明重新开发了一家供应商，既能保证机加工的质量又有电镀设备。该供应商能够负责从供料、机加、电镀直至交货的全过程。为了获得天波公司的业务，该供应商报出了让人惊讶的价格。

单位：元

项目	材料费	机加费	电镀费	运费	合计
价格	0.6	4	0.3	0.1	5

“可见，同样付给供应商 5 元，我们得到的实惠大不同，总成本节约很多。”小明自豪地总结道。

“这小子长本事了。”皮经理从此对小明另眼相看。

供应商的定价策略

2018 年 3 月 13 日，星期二，嫩芽攀上新枝。

按照皮经理的事先安排，今天的部门周会由小明分享供应商的定价策略。以下是小明的分享：

俗话说：“知己知彼百战百胜。”既然采购的主要职责是控制价格，那么就要知道供应商是如何制定价格的。大家都知道，价格是供应商赢得竞争的最直接的武器。一个错误的定价甚至会导致供应商被挤出某个市场。因此大家一定要重视。在定价时，供应商考虑的三个主要因素分别是：

(1)需求——决定价格的上限；

(2)成本——决定价格的下限；

(3)竞争——决定价格的合理。

价格的一般规律是，需求越大价格越高；如果价格低于成本会出现亏损；此外，供应商还要了解市场内的竞争对手的定价，以免闭门造车。

对应这三个主要参考因素，供应商通常使用以下五种定价方法：

(1)成本定价法。指供应商在计算总的可变成本和固定成本后，加一个百分比的利润。这种定价法在制造业极为普遍。

(2)溢价定价法。指供应商决定要高价，这个价格的决定跟成本关系不大。有时在一家供应商不确定新客户对价格的了解程度时，会使用溢价定价法进行试探，尝试获取暴利。

(3)渗透定价法。指供应商为了进入某个新的市场，收取超低价。一旦供应商在新市场站稳脚跟，就会逐步提高价格，所以采购员要对超低价慎之又慎。

(4)边际成本定价法。指供应商在价格中仅覆盖可变成本的部分，因此比市场价低。这样做通常是为了在市场上抢单，以便充分利用闲置产能，或想要在市场上建立垄断地位。

(5)市场定价法。指供应商按照市场的行情定价。当组成行业协会或企业联盟时，价格很容易被人为推高。

另外，在实际运用中，还有三个与定价相关的知识值得学习，它们分别是：

(1)需求价格弹性。指商品的需求对价格变动的反应。如果价格发生微小变动，需求量几乎不动，称为需求无弹性；如果价格的微小变动使需求量变化较大或很大，称为需求有弹性。

(2)撇脂定价。新产品初上市，定以高价格，在短期内获得厚利，以便尽快收回投资。就像从牛奶中撇取所含奶油一样，取其精华。

(3)价格折扣和折让。为鼓励顾客及早付清货款，在大量购买或淡季购买时，企业酌情调整其基本价格，这种价格调整称之为价格折扣和价格折让。

“希望通过今天的分享，大家能够了解常用的供应商定价策略，在工作中能够识别供应商的定价方法。”分享完毕，小明向皮经理点头示意。

“非常全面，有些知识也开阔了我的眼界。请大家以掌声回报小明。”说罢，皮经理带头鼓掌。

看到自己在部门内部越来越受到认可，小明认为，一切努力都是值得的。

涨价合理吗

2018 年 3 月 19 日，星期一，春色渐暖，玉兰花开。

最近纸箱价格涨得厉害，天波公司也难免受到波及。

“之前把价格压得太低，看来不涨不行了。”看着供应商发来的调价通知单和纸浆价格变动表，小明颇为为难。

天波公司选用的纸箱供应商是一家上市企业，规模很大，对天波公司的依赖度低，有较大的话语权。这次涨价看上去是没有商量余地的，所幸供应商提出的新价格仍然很具有竞争力，经过摸底，依然是当地最低价。

“我该怎么样把结果呈现出来，说服皮经理并帮助皮经理说服总经理来批准新价格呢?”这是摆在小明面前的难题。

毕竟涨价是采购人员最头疼的事情，不但难以说清楚，还容易引发公司的猜疑。

想到这，小明突然想起最近读过一本名叫《我在 500 强企业做采购：资深采购经理手把手领你入行》的书。书中提到了证明采购价格是否合理的模型，即 TPSM 模型（Target Price Setting Model）。看来这次需要用这个模型来证明新价格的合理性了。

按照书上的指导，小明把纸箱的历史采购价格 90 元、友商采购价格 100 元、供应商的首次报价 100 元、市场参考价格 100 元和成本分析价格 95 元一一填入 TPSM 表中，并按照各 20%的平均分配权重，呈现如下的结果。

Target Price Setting Model 目标价格建立模型

标的物	历史采购价格		友商采购价格		供应商首次报价		市场参考价格		成本分析价格		目标价格	实际采购价	单价降本	数量	降本额
	价格	权重	价格	权重	价格	权重	价格	权重	价格	权重					
纸箱	90 元	20%	100 元	20%	100 元	20%	100 元	20%	95 元	20%	97 元	95 元	2 元	10 千	20 千

需要说明的是，因为该纸箱是标准品，小明通过在同行业公司做采购的朋友打听到，他们的采购价格是每个 100 元，即得到了友商采购价格，同时视为市场参考价格；小明把纸箱的原材料费、加工工时费、管理费和利润拆解分析，算得成本分析价格是每个 95 元。

经过与供应商谈判，小明提出各让一步，不能同意从之前的每个 90 元一下子上涨到 100 元，但是可以接受每个 95 元，并说明了自己的成本分析过程。看到小明说得有理有据并考虑到长期合作，供应商最终也答应了本次只上涨 5 元。

“你的意思是，虽然单价上涨了 5 元，采购部还为公司节省了 2 万元?”看着

TPSM 表后半部分的降本金额 2 万元，皮经理疑惑地问。

“是的。经过计算，合理的目标价格应该是 97 元，但是通过谈判，我最终拿到了 95 元的价格，所以每件降本 2 元。再乘以本次的订单数量 1 万个，就是 2 万元的降本金额。”小明有条不紊地解释道。

“这个模型很有用，可以体现采购部的贡献。下次开周会时，你给大家讲一讲。以后遇到涨价的事都要附上 TPSM 表。”皮经理对这次涨价的谈判结果表示接受。

如何学谈判？言传身教

2018 年 3 月 21 日，星期三，乍暖还寒。

“如果是我，早就放弃了。”看到皮经理通过谈判迫使供应商一再降价，最终达到了心理预期后，小明感慨地道。

事情是这样的。

对于天波公司来说，主要的采购支出除了原材料就是生产设备。

年初，公司决定采购一台激光切割机，皮经理认为这是一个很好的学习机会，于是带着小明一起做。在明确了设备的性能要求和公司预算之后，皮经理邀请了五家供应商报价。

拿到五家供应商的报价后，经过初步分析，有两家供应商的报价明显虚高，在沟通无果之后果断放弃。针对剩余的三家供应商，皮经理和小明开始一一走访，表达购买意愿，邀请三家提交第二轮报价。其中，A供应商在行业起步早、规模大、技术水平和服务水平最佳，但是价格最贵；B供应商距离天波公司最近，五年前起步，技术偏弱，售后人员偏少，但价格比A低30%；C供应商的技术水平介于A和B之间，价格比A低20%。

基于此，皮经理决定将C供应商视为重点突破对象，展开谈判。

整个谈判持续了两个月，以两周一次的频次开展。虽然每次皮经理都会拿A供应商的技术和服务，B供应商的价格来打压C供应商，但是C供应商总是拿A供应商的价格和B供应商的服务来还击。到了第三次谈判，皮经理直接告诉C供应商，如果你能降价10%（与B供应商平齐），我就下单。经内部讨论，C供应商只答应下降5%。

就在事情陷入僵局，皮经理一筹莫展之际。小明恰巧在一次访问供应商时，发现供应商刚刚购买了A供应商的设备。一问价格，比给到天波公司的报价低了15%，于是小明灵机一动，请这位供应商配合砍价。

怎么做的呢？

小明以最后一次谈判为由，邀请C供应商来天波公司。

C供应商的代表到达时，刚好看到皮经理、小明和这位供应商在聊天。这位供应商假装刚说起新买A的设备。小明赶忙问：“多少钱买的？”

当这位供应商说出价格时，小明假装不信。于是他拿出事先准备好的合同照片，通过手机放大显示出来，故意让C供应商也看到。

之后，这位供应商故意问C供应商是做什么的？C供应商说自己也卖激光切割设备。于是这位供应商随口问了C供应商的价格，之后对皮经理说：“就这价格还不如多花一点钱买供应商 A 的，图个安心。”说完就告辞了。

会议室里只剩下皮经理、小明和 C 供应商的代表。此时，经验老到的皮经理并不急于开启谈判，而是跟 C 供应商的代表唠了半个小时的家常，之后才不慌不忙地进入正题，说：“你们的价格优势并不明显，天波公司也可以买供应商 A 的设备。但是既然你已经来了，我们还谈了那么久，我如果不给你一个机会就太不仗义了。这样吧，别费口舌了，还是按我说的，你再降 5%，我就把标定给你，否则就给到供应商 A 了。”

在这种情形下，C 供应商的代表感到自己已经无路可退，只能硬着头皮答应了。皮经理的心理预期最终达成。

参与全程谈判的小明心想，“这次能达成预期目的，既有偶然性也有必然性。首先是我们在采购初期就进行了充分的准备，然后理性地选择了重点攻克目标。设定心理预期后坚持不松口，在 C 供应商降 5 个点时继续争取。由于打好了充足的提前量，设备并不急于购买，所以才等到了后面的偶然机会，做到了利益最大化。看来，皮经理真是一个非常优秀的领导，我能跟他学到很多知识和技能。”

如何系统地阻止供应商涨价

2018 年 4 月 2 日，星期一，万物生长，桃花笑春风。

虽然皮经理认可小明使用的TPSM模型，但是总经理绝不允许采购部轻易答应供应商涨价的要求，并给皮经理施加压力。

“小明，上次纸箱的事情之后，公司绝不会再答应供应商涨价的要求。”皮经理对小明说道。

“我能理解公司的难处。”小明回答。

“我会利用明天的周会组织一个专题会，请大家一起讨论阻止供应商涨价的方法，你也提前想一想。”皮经理又说。

第二天，皮经理本来担心这样的专题会将会冷场，没想到讨论得异常热烈。

未等小明开口，小李抢先发言：

“(1)同种物料应尽可能多地找几家供应商相互比价；

“(2)采购部要与设计部研究，能不能找替代品或者标准品；

“(3)增大一次性的订单量，统一采购；

“(4)放低姿态，给供应商画饼，体现长期合作的诚意，而不是一锤子买卖；

“(5)采购员之间，各工厂之间信息互通，互相出主意；

“(6)到供应商处实地考察，确认进料时间，有可能是在低点大量屯料或者套期保值或者开机率不足，一旦发现立即拒绝涨价；

“(7)在我司长期欠款时，申请支付一部分，也可能换来一段时间内的不涨价。”

“小李的发言非常精彩，看来工作这几年积累了很多实战经验，还有谁愿意发言?”皮经理把眼珠转向小明。

小明清了清嗓子，说道：“我来补充8条。”

“8条?”小李吓了一跳。

“嗯，8条，分别是：

“(1)在早期签订固定价格的合同并明确约定涨价的违约金；

“(2)细化涨价明细,了解占成本的比重;

“(3)了解己方库存耗用量,是否急于购买;

“(4)从历史看,原材料降价的时候,甲方没找过供应商,因此在涨价的时候,也应该由供应商自己承担;

“(5)多级参与谈判,形成合力;

“(6)假装找到不涨价的供应商,威胁切换;

“(7)即使只能涨价,也要交换利益,如延长账期;

“(8)提出各承担一半,而不是全由甲方承担,且新价格的生效日期要待供应商的现有库存消耗完毕再执行。

“总之,采购员一定要让供应商每往前走一步都要付出艰难的代价。”

“小明说得很对,小李也很有见地,你们也别‘七上八下’的,把这 15 条整理好一起发给大家,以后供应商一旦提出涨价,就按这 15 条来。”皮经理对专题会的讨论结果非常满意。

一	二	三
• (1) 在早期签订固定价格的合同并明确约定涨价的违约金; • (2) 多家供应商比较价格; • (3) 细化涨价明细,了解占成本的比重; • (4) 了解己方库存耗用量,是否急于购买; • (5) 与设计一起找替代品; • (6) 集中一定时期或多家工厂的需求量,加大一次性的采购量;	• (7) 以长期合作为由画饼; • (8) 从历史看,原材料降价的时候,甲方没找过供应商,因此在涨价的时候,也应该由供应商自己承担; • (9) 采购员之间互通信息,集思广益; • (10) 到供应商处实地考察(供应商有可能在低点大量进货、套期保值或业务不多,从而在谈判中处于劣势);	• (11) 多级参与谈判,形成合力; • (12) 支付部分欠款(长期押款的情况下); • (13) 假装找到不涨价的供应商,威胁切换; • (14) 即使只能涨价,也要交换利益,如延长账期; • (15) 提出各承担一半,而不是全由采购承担,且新价格的生效日期要待供应商的现有库存消耗完毕再执行。

系统阻止供应商涨价的对策

如何有效应对供应商的涨价要求

2018年5月8日，星期二，正是一年好时节。

虽然采购部已经制定了系统阻止供应商涨价的15个方法，但是在面对供应商强烈的涨价要求时，很多采购员还是显得过于强硬。

这不，小李所管辖的一家供应商，居然因为小李的不同意涨价，就撕毁合同，停止供货，给天波公司造成了较大的损失。毫无疑问，这是一个极为失败的案例，自然引起了公司高层和皮经理的重视。

在周二的例会上，皮经理首先发言：

“我咨询过律师。对于固定价款的合同，原材料上涨属于市场行为，不属于不可抗力，供应商不能免责。所以，对于本次停止供货给天波公司造成的损失，天波公司会请律师通过法律手段索赔。”

听到这里，小李舒了一口气，看来自己没有做错。

“但是，”皮经理话锋一转，“俗话说，‘客我利相当，则我可久利，客可久存。’意思是说，以后遇到这种事情，我们要对实际情况进行分析，不能再做‘杀鸡取卵’的蠢事。”

小李再次低下了头，看来自己还得改进。

“我思考了很久，以后遇到供应商要求涨价，我们要对供应商进行卡拉杰克矩阵分析。①

①注：关于卡拉杰克矩阵知识，请阅读我的专著《我在500强企业做采购：资深采购经理手把手领你入行》。

“如果供应商是瓶颈型，提出合理的价格上涨比例，我们的策略应该是什么呢？

“瓶颈供应商往往意味着我们只能从它那里买，别无二家。在这种情况下，我们的接受原则应该是‘少涨’和‘慢涨’。比如，试探着说，‘在原材料价格下跌时，我们也没找你降价，那么涨价时，是不是应该一人一半？或者说，你们应该备有大量库存才对，三个月后再执行新的价格吧。’

“如果供应商寸步不让，退而求其次的接受原则是，给我们的涨幅要低于或者不高于同行，保证涨价后我们的价格水平在行业内具有竞争力。验证方法是请供应商出具‘统一调价说明’。

“如果供应商是战略型，甲乙双方彼此相互依赖，那么谈判的空间就会大一些。此时，我们的接受原则应该是‘不涨’或‘少涨’。例如，你可以尝试把各分工厂或者一个时间段内的所有需求量集中起来，给供应商下发一个大订单，再分批交货，目的是让供应商一次大量买进原料，摊销固定成本，最终保住价格。

“如果供应商是杠杆型，意味着甲方能够轻易地找到可替代的供应商，谈判的空间就会更大。此时，我们的接受原则就是‘不涨’。可以拿所签署的固定价格合同说事。

“如果供应商是非关键型，意味着甲乙双方彼此不依赖，就没有什么谈判的必要。对待这类供应商的态度是：能做就做，不做拉倒。或许有的商家还想要趁此机会低价做进来，打压竞争对手。总结如下：

供应商类型及对应的接受原则

供应商类型	接受原则
瓶颈型	少涨或慢涨
战略型	不涨或少涨

续上表

供应商类型	接受原则
杠杆型	不涨
非关键型	不谈

“总之，面对供应商的涨价要求，我们在制定策略时，首先要了解合同条款，然后根据双方的力量对比，抱有现实的期待，选择对应的策略，妥善处理。而不是一听说原材料涨价就毫不退让或者不知所措，结果给公司造成更大的损失。”

如何规避供应商的串标行为

2018年6月26日，星期二，小雨，闷热。

随着天波公司的业务不断扩张，在某些供应商数量不足的品类上，出现了串标行为，即供应商互相配合，抬高价格，抵制采购招标。

这个问题立即引起了采购部的重视，于是皮经理决定利用部门的例会时间，与大家商讨对策。

“大家说一说吧，面对如此被动的情况，我们应该怎么办呢？”

积极思考的小明率先发言：“首先，我们要确保所招的标有足够的吸引力，供应商才愿意全力以赴，而不是错失良机。也就是说，只有达到一定金额的品类，才适合拿出来招标。另外，我们自己得立言立行，通过认真讲解招标的内容并解答供应商的疑问，在供应商的心中树立正面的企业形象，吸引供应商打心底想与我方做生意，而不是令供应商甘心与同行串标，为了小恩小惠失去难得的发展机遇。”

皮经理听罢点了点头，说：“你这是从‘势’和‘道’的层面，树立正确的‘招标’观，挺有意思。那么，谁能从‘术’的角度，规避供应商串标呢?”

正在此时，已经打定主意的小李发言，从“术”的角度，想到五个方法：

(1)引入新玩家。

每一次招标，都要极力发展一个新的供应商参与，而不是让供应商觉得自己能够完全掌控局势，随意控盘。

(2)电子竞价。

停止使用传统密封开标的方法，而是应该使用电子化竞价，减少供应商的反应时间和回旋余地。

(3)虚拟玩家。

实在找不到新玩家，就由甲方虚拟一个，参与电子竞价。但是切忌杀价太狠，因为这样容易暴露身份。

(4)收取保证金。

有了一定比例的保证金在手，可以有效防止供应商眼见拿不到标便恶意报出一个最低价，中标后不认账的情况。

(5)一分钟开标。

为了有效防止供应商互相串通，采购员可以要求开标后，供应商在一分钟内必须一次性提交最低报价。

“嗯，把小明和小李的意见组合起来使用，供应商将难以轻易串标，相信这个方法会有效。”听罢小李的发言，皮经理满意地点了点头，做了总结性的发言。

谁的价格控制的最好

2018 年 7 月 2 日，星期一，气温逼近 30 度，燥热无风。

一大早，小李就愤愤地来到皮经理的办公室，开门见山地说：“经理，上个月的优秀员工奖为什么颁给小明？每天下班最晚的是我，每批货的到货时间和质量，我都一一严格把控，而且一直在尽自己最大的努力把采购工作做到最好。我知道小明打一毕业就跟着您，可我来得比他早一年，您也得公平公正不是？”

皮经理不慌不忙，先倒了杯茶给小李，指着茶碗说道：“我对你们两个都是一碗水端平的。在质量和交期上以及供应商的服务上，你做得最好，而且我也看到了你的努力。”

皮经理知道这么说并不能让小李心服口服，于是找到柜子里的上半年部门绩效表，递给小李说：“你看一下你的短板在哪里。”

小李看了看说：“价格得分落后了些。但是皮经理，你又是根据什么来判定我价格控制上不如小明呢？”

绩效表

项　　目	权　　重	小　　明	小　　李
价格	40%	97 分	90 分
交货合格率	30%	95 分	97 分
到货及时率	25%	95 分	98 分
服务响应	5%	96 分	98 分
得分	100%	95.85 分	94.5 分

皮经理笑着说："我向来秉承着用事实说话的原则，绝不是拍脑袋或者是凭感情。来，以这个 X 物料为例，来看一下价格控制谁做得比较好。"

X 物料价控表

月　　份	小明负责的 A 物料		小李负责的 B 物料	
	数量(吨)	每吨价格(元)	数量(吨)	每吨价格(元)
1 月	9	4 800	9.5	4 800
2 月	15	4 740	17	4 800
3 月	30	4 710	60	4 710
4 月	150	4 710	180	4 710
5 月	180	4 710	200	4 710
6 月	300	4 600	320	4 710

皮经理指着这张表对小李说："你和小明分别负责两个规模差不多的公司业务，A 物料与 B 物料的供应半径也基本相同，通过具体数据也可以看出，小明确实在价格上控制得比你好。"

小李脸红了下来，心里想："A、B 物料的价格波动比起金属以及化工产品来说波动不大，小明的价格下调是怎么做到的？"

皮经理看出了小李的心思，对小李说："前五个月的价格差距主要在运费上，相同运距的情况下，不同的车型有不同的运载量，自然也有不同的运费，这是小明做的运费与运载量的关系表。”

运费与运载量关系表

车　　长	核　　载	单吨运费
13 米	18～32 吨	290 元
9.6 米	11～18 吨	320 元
6.8 米	7～11 吨	360 元
4.2 米	7 吨以下	420 元

小李：“经理，量价关系，我也是知道的，不得不佩服小明这一块工作做得很细致。”

皮经理指着第二张表的最后一行说：“难能可贵的是，小明在运费上无法降本后，发现 A 物料的供货量越来越大，并且公司对 A 物料的依赖性也越来越高，于是和供应商签订了战略合作价格，每吨下调了 110 元。”

小李竖起大拇指说：“经理，这次我输得真是心服口服。”

皮经理接着说道：“不仅如此，我们很多原料的价格都和上游物料息息相关，随着上游物料的变动而变动，而小明对这些价格变动相当敏感。拿我们的 Y 物料举个例子，你在做成本模型的时候也熟悉，Y 物料主要由化工产品 Z 组成，通过权威网站上对 Z 产品的价格统计，与你们两个的价格分别做了对比，你看这个表格。”

价格对照表

单位：元

月　　份	某网 Z 产品月度均价	Y 物料月度均价（小明）	Y 物料月度均价（小李）
1 月	2 500	3 200	3 200
2 月	2 600	3 250	3 200
3 月	3 200	3 550	3 500

续上表

月　　份	某网 Z 产品月度均价	Y 物料月度均价(小明)	Y 物料月度均价(小李)
4 月	2 800	3 350	3 500
5 月	2 540	3 200	3 200
6 月	3 600	3 750	3 400
价格相关性 (用 correl 函数验证,绝对值越接近 1,证明越相关)		0.999	0.669

小李看得一头雾水,问道:“经理,相关性验证,您是通过函数计算的吗?”

皮经理:“是的,用 Excel 软件中的 correl 函数可以一目了然地看出谁的价格相关性更高。你看小明的价格与网站价格的相关性系数是 0.999,而你的是 0.669,证明小明的结算价格与网站基本上吻合,由此可见小明的超强价格敏感度以及快速的执行力。”

小李更加脸红了,对皮经理说:“经理,我这次找您来理论是对的,正是这样的机会,让我大开眼界,学习到了很多的知识。”

皮经理笑着拍着小李的肩膀,说道:“小李也要加油啊!”

利他的重要性

2018 年 7 月 9 日,星期一,热风习习。

很多企业想要通过实施 ERP 来提升管理水平。但是很多企业在实施 ERP 之后选择了放弃。可见，理想与现实的差距有多大。

这就是天波公司面临的问题。

样品订单在一个系统里，量产的计划和订单又在另一个系统里，而新项目管理却没有系统可用，这使得任何一个料号的更新，都需要在手工维护的表单以及两个系统之间来回同步，产生了严重的系统更新不及时、信息不准确的问题。

但是，公司的高层对这个棘手的问题却视而不见，干活的人又说不出问题出在哪里，导致事情陷入僵局，无药可救。

在这种情况下，财务部要求采购部制作外购件统计表（Purchasing BOM），即把所有外购件的料号、描述、版本、用途、装机数量、供应商、产地、单价、运费、包装、税率、合同签署日期等信息维护到一张表中。

皮经理预感到这将是一个庞大的工程，便请来小明和小崔共同完成此事，即每人负责收集和整理一部分物料信息。

看到信息如此之多，如果查询系统，需要耗费大量的时间，而且系统里的信息未必是最新的，小明决定与兄弟部门沟通，看看能不能更加容易拿到信息；而小崔的决定与小明相反，他更依赖系统，而不愿与其他部门沟通。

就这样，这个活开始了。

小明首先来到设计部经理的办公室，在一番客套之后，说明了来意。好在小明平时在与设计部打交道时，非常给力，倾听设计部的需求，有意寻找能够画图的供应商帮助设计部节约资源，供应商的报价与选定也与设计部共同商议，赢得了设计部上上下下的认可。那么，这个活自然得到设计部的大力支持。很快，小明拿到了自己负责那部分的最新的、完整的 BOM，迈出了成功的第一步。

第二天，小明把剩余信息，如供应商、价格、最小起订量等在采购部内部能够得到的信息收集起来，在下班前发给了皮经理。

“这么快拿到这么准确的信息?”皮经理感到很惊讶，也很赞赏小明。

反观小崔，由于平时没有与其他部门维护很好的关系，自然也不好意思请求别的部门帮助，而是在各系统之间下载数据，再用 Vlookup 对比，但总能发现数据对不上的地方，报告迟迟无法完成。最后，皮经理只能分配别的工作给小崔，委托小明完成剩余的工作。

“看来，如果系统不行，真得靠部门间的协同啊!”皮经理感慨道。

“所以，平日里与各部门维护好关系是多么的重要啊!”小明是这么想的，也是这么做的。

“这说明，**采购虽然对外是甲方，对内却是乙方**。体现为任何一个人，哪怕是车间工人，都可以质疑来料的交期、价格或质量有问题。因此，想要在公司内部获得支持，采购员必须分享资源，为其他部门做好服务，才能获得更多资源，协同完成任务。”皮经理的感悟颇有深度。

破解品牌渠道保护

2018 年 7 月 10 日，星期二，天气闷热。

品牌渠道保护，是品牌厂家管理价格的一种机制，以防止不同的代理商之间恶意压价，牺牲合理的利润。

但是，采购人员如果不对这种机制加以约束，会导致代理商在品牌厂家备案后，恶意加价，给甲方造成不必要的损失。

在现实工作中，这种行为通常都是“里应外合”的。往往是使用部门与代理商串通，令采购人员背黑锅。

如何破解品牌渠道保护，一直是很多采购人的工作痛点。

采购员小明也不例外，这不，一个品牌的省级代理商突然提出大幅涨价，令小明措手不及。

这是一家与天波公司有过几年合作的代理商，与使用部门很熟悉。前几年的价格都是合理的市场价，不知道为什么，今年的报价突然增加 40%。

在谈判中，对方解释是因为原厂涨价，他们只能跟着涨价，并声称他们已经将天波公司在原厂备案，所以只能从他家买货。言外之意是，“你们就别抱有任何幻想了，所有的路我都给你堵死了。”

但是小明并没有动摇，而是在积极思考对应之法。

突然小明想到之前的一个案例，扑哧一笑，不慌不忙地说：“这几年，我们天波公司在全国开了几家分公司，还投资了几家关联公司，我想你不可能把它们都备案了吧。如果你不给我最低价，我就让关联公司向其他省份的代理商购买。这样的话，你将永远失去天波公司这个客户。”

闻听此言，代理商的笑容突然凝固了，整个人就像泄了气的皮球，没有想到小明会来这么一手。

“算你狠！”代理商虽然在心里这么想，但是脸上不敢露出半分不满的神色。

“那麻烦您稍等几天，我跟原厂再申请一下，看看能不能拿到最低折扣，好吗？”代理商知道应该怎么说。

“那我就静候佳音了。”此时的小明已经胸有成竹。

几天之后，代理商发来邮件，声称得到原厂批准，价格仍然维持之前的水平，取消涨价。

虽然可以请关联公司找其他代理商询价，以便比较，但是小明没有继续为难代理商，毕竟他们跟使用部门很相熟，关系很好，只要价格过得去，采购员也就可以放行了。而且一段时间以后小明发现，使用部门的经理对他的态度很好，工作也很配合，所以小明确信自己采取了正确的处理方法。

皮经理知道这件事情之后，连连称赞小明机智，会利用公司扩张带来的资源破解渠道保护，堪称神来之笔。

留样的重要性

2018 年 7 月 13 日，星期五，大雨滂沱，道路泥泞。

“小明，X 物料新品试样又失败了，这次是印刷字体与样品不符。”小李向小明吐槽，这是 X 物料的第 9 次试样了。自 X 物料批量使用以来，一直是

A 供应商独供，价格却高于市场价的 20%～30%，A 供应商是技术顾问前期引入的供应商，规模不大，现场管理与经营也是作坊水平。更有趣的是，小李发现，A 供应商每个月开具的发票号码相近，这间接证明了 A 供应商的客户并不多。今年皮经理给小李定的该项降本任务为 25%。小李原本很有信心完成，因为经他调研，X 物料并不属于有技术壁垒的产品，市场成熟，前期与国内几家优质供应商洽谈，开出的价格也很理想，但不知怎么总是在试样环节频频失败。

小明也听说过 X 物料的情况，隐隐听闻本公司的一位技术顾问和 A 供应商之间关系不一般，但就事论事，回归理性，于是问小李："图纸是谁提供给你的？"

小李："之前都是技术顾问给的实物样品，哦，对了，上次我请假不在，我拜托你帮我去找顾问取的样品，你还记得不？"

小明："记得，当时我还纳闷为什么不给图纸，而是给实物呢。"

小李："其实每次寄样之前，我都有向技术顾问索要签样和图纸，他找了很多借口，但始终没有提供。"

小明："这不是胡来吗！公司有新品导入流程，为什么他们却'逍遥法外'？"

小李："这个项目是公司新投资的，和咱们之前的业务没有交集，也是公司今年力推的项目，这个技术顾问是老板高薪从同行挖过来的，从设备选型到工艺、到质量标准都由他全权负责。"

小明："这次的新供方实力如何？"

小李："B 公司，国内佼佼者，生产设备与工艺还有管理都是国内顶级的，合作过的客户甚至比我们公司要知名。他们对我们公司也很感兴趣，有强烈的合作意向，价格比现在执行价要低25%。”

小明：“这个B公司我之前也接触过，确实是国内一流，大致情况我了解了，小李你可以组织一个关于这批物料不合格的讨论会吧，喊上这个项目的技术顾问、生产经理、质检经理，还有咱们的皮经理。”

小李感觉小明越来越像皮经理了，不知道葫芦里到底卖的什么药。但是小李看到了小明眼睛里闪过的自信，于是将会议约到了下周一下午2点。

很快来到了约定的会议时间。会议开始先由质检部介绍情况，质检部拿出新供方物料与样品进行比对，说出了几处印刷上的异常。

小明问质检负责人：“样品取自哪里？”

质检负责人：“A供应商提供的物料。”

小明继续问道：“A供应商哪一批次的物料？”

质检负责人有些支支吾吾，答不上来。

小李说：“我记得当时质检人员是随手拿了一个A供应商的物料进行的比对。”

小明拿出事先准备好的四个样品，每个样品背面都贴着带着日期的标签，接着说：“这是我和仓库这两天抽取的A供应商不同批次的物料，大家和质检部门提供的样品比对一下。”

会议上，大家发现四个样品和质检部的样品也不是完全相同，老日期和新日期的印刷差异尤其明显。对比样品时，小李暗暗佩服小明，觉得小明的切入点很棒，借此可以扳回一局。

看到大家嘀嘀咕咕，技术顾问连忙补充道：“A供应商可能最近生产不稳定，客户催得急，生产紧迫，我们确实疏于检测了。但是这也不能说明小李新引进的供应商是合格的。”

小明心想，果然是个老狐狸。于是接着说：“顾问先生，小李之前休假，这个样品一组是 6 个，我找您拿的，然后寄给供应商的。”

技术顾问说：“是的，当时我给了你 6 个，没错。”

小明说：“那您给我的时候，可有留样，或者可还记得是哪个批次的不？我们也可以找那个批次的物料进行比对。”

技术顾问说：“当时比较忙，是在流水线上直接抽取的，具体哪个批次还得查当天的生产领用记录；而且过了这么久，那个批次也许已经消耗完了。你看我这忙的，我给了你样品之后，我也忘记自己留一份了。”

小李听到这里，心里着急，心想这可怎么办，无从验证了。

小明不慌不忙，接着拿出一份样品，说：“我本人有个习惯，在没有标样或者图纸的情况下，在给供应商寄样品的同时，会给留样室留一份；样品富足的话，也会自己留一份。现在给大家看的就是我从留样室取来的样品。样品标签上有送样时间以及其他信息。大家可以比对一下。”

参会人员进行比对，发现新供方提供的物料与留样室的样品完全相同，小李揪着的心终于放下了，心想：小明这家伙，干得漂亮！

小明对技术顾问说：“顾问先生，您看新供方的这批物料如何处置？”

顾问说：“撤销异常单，先入库，然后其他指标在生产中反复验证后再做定夺。关于 A 供应商，由采购部牵头，勒令其整改。”

皮经理看着小明和技术顾问之间的博弈，暗叫精彩，也有些得意，小明从刚入职时的毛头小子已经蜕变到如今的心细如尘，还有他控制局面的节奏也稳稳当当。当然，他也知道小明请他来的目的不单单是为了看戏，而是有更重要的事情需要他出面协调，比如，刚才技术顾问所说的“在生产中反复验证后再做定夺”。目前新项目质量标准不健全，这对日后采购工作的开展就是很大的隐患。于是皮经理主动发言：“顾问先生，这个项目已经进入批量生产的阶段，项目能火速上线首先您是功不可没，但是公司有公司的采购流程，为杜绝此类事情再次发生，落人口实，今天质量部、采购部、生产部的经理也都在，我们就借此机会明确下采购标准及流程，以及对应的权责问题吧。”

会议持续进行了三个小时，将新品签样、质量标准明确化、新供方引入等公司固有的流程进行宣贯，并将其中权责进行确认。

小李开完会之后顿觉轻松，皮经理已经铺好了路，他信心满满，可以在这个新项目上发挥所长，大干一场了。但是小李心中仍存疑惑：比起小明的飞速成长，他简直是在原地踏步。同样每天8个小时的工作，到底是什么拉开了距离呢？

山雨欲来风满楼

2018年8月8日，星期三，风起，天阴，快要下雨。

“小明，赶紧来一趟我的办公室！”电话那头是皮经理急促的声音。

小明眉头紧皱，迟疑着推开经理办公室的大门。

“快坐下。”皮经理赶忙招手。

小明依然很忐忑，心想，“到底是什么事情呢？”

皮经理看出他的疑惑，赶忙清了清嗓子，说：“我只是想了解一下你最近工作的重点是什么。”

小明完全懵了，内心独白：“这是什么问题，我在做什么工作你还不知道吗？”

“我澄清一下，我需要跟你讨论最近的工作重心，以便保证你的业绩。”皮经理的双眼直视着小明，给小明一种居高临下的压迫感。

“在过去的一年里，你的进步很快，成绩也很出色，但是你管理的电子厂商 ABC 持续交货不达标，此事已经不可容忍，我需要立即看到改善。”在简短的暖场后，皮经理开门见山，直奔主题。

“原来如此。”小明总算明白皮经理紧急叫他来的用意了。

“我调查过 ABC 的计划系统，并没有方法上的问题，可以确定，ABC 不能及时交付的原因只是产能不足。上周 ABC 提交了扩产计划，已经购买了一条组装线，一个季度后到达。”小明将知道的情况和盘托出，以证明自己在积极跟进此事。

“我已经对 ABC 失去信心了，我需要能够**立即**解决问题的方案，比如将 ABC 的部件转移到别的供应商处。”皮经理故意强调“**立即**”两字。

小明一方面感到压力很大，另一方面又很无奈，说道：“想要把量产的部件转移出去是很难的，因为我们面临着以下五个方面的困难：

“一是新投资的工装和管理费；

“二是供应商早期介入的知识产权；

“三是可靠性测试的时间和费用；

“四是紧张的工程师资源；

“五是部件转移过程的风险。

“所以我不建议这样做。但是我会立即开发新的供应商，停止 ABC 获得新的项目。再加上 ABC 自身的扩产计划，在一个季度之后我们将看到彻底改善。”小明自信地说。

“这还不够。这样吧，我会跟工程师沟通一下，让他们给 ABC 的部件按照设计和工艺难度排序。你拿到这份清单后，统计一下难度最低的部件的数量，将它们首先转移出去。”皮先生做事风风火火，要求做到的事情，员工必须做到。

“有了工程师的帮助，的确可以转移一部分部件。”小明点头。“那咱们就双管齐下，对 ABC 公司，一方面停止新的项目，另一方面将可以快速转移的部件转移出去。”小明总结道。

“可以。现在我对此事有信心了。你回头尽快给我一个具体的时间计划和方案。我们每周沟通一下。”皮经理紧皱的眉头终于有所松弛，脸上也浮现出了一丝笑容。

“没有问题！”小明干脆地回答。

回到座位后，小明长舒了一口气，第一关算是过去了。

此刻，外面已经电闪雷鸣，大雨即将倾泻。随着气压的降低，光照的减弱，小明的心里也产生了一丝阴郁。

“此项目涉及与老供应商 ABC 的关系，新供应商的开发战略，设计工程师、品质工程师和测试工程师的资源等多个环节，哪个环节资源不足或者出差错，都会导致项目整体出现问题。这件事远没有皮经理想得那么简单。”小明默默地在心里推导着。

看到外面阴云密布，坐在经理办公室的皮经理，起身拉上窗帘。要不是今天开管理会时，物流部经理再次点名批评 ABC 供货不好，总经理终于忍无可忍，要求采购部立即解决这个问题，皮经理也不会给小明这么大的压力。

“希望问题顺利得到解决。”小明和皮经理各自祈祷着。

我是打不死的小强

2018 年 8 月 13 日，星期一，连日来热浪习习。

作为产品转移的第一步，小明需要知道有哪些部件容易被转出，并收集备选供应商的信息。

因为供应商 ABC 不但直接供应组装线路板给天波公司，而且还作为第二层级的供应商给天波公司的第一层级供应商供应组装线路板，因此小明需要知道第一层级供应商的态度，有哪些组装线路板需要做切换，是否已经有“心仪”的备选供应商等信息。于是小明给负责第一层级供应商的几位采购同事发了一封电子邮件,说明情况,请他们反馈。

很快,有位老同事回复说:"ABC 不只是给我们生产组装线路板这么简单,他们还在研发期间帮助设计图纸。之前我的供应商想做切换,结果因为研发工程师并没有掌握线路板的 Gerber 文件,只能作罢,导致我的供应商再也没有兴趣做切换。"

"果不其然。"小明点头说道:"这个世界上最难切换的就是组装线路板的供应商。并且自己家的研发不给力,这事难办了。"

于是小明给皮经理发了一封邮件,表达两个意思。一是说明技术"欠债";二是说明 ABC 供应商最近供货绩效已经在提升,建议就此罢手。

很快,小明收到皮经理的"红头"邮件:"必须于近期转移至少五个部件,不能接受任何理由!"

小明这才想起来,听说皮经理在总经理面前立下军令状,一定要转移出去一部分,作为对 ABC 供应商的惩罚。难怪皮经理火气这么大。

"看来是躲不过去了!"小明愁容满面。

转念一想,"自己做采购到现在,什么压力没有受过,什么苦也没有吃过。只要拿出打不死的决心,集中精力想方法,这一关就一定能过!"既然发愁没用,不如给自己打打气。想想到底应该怎么做。

抛开工程师的资源因素,小明想到有两个要素需要被满足:

一是备选供应商的价格要足够低,才能摊销转移产品的投资费用;

二是产品的复杂度要足够低,才能确保产品转移不受技术"欠债"问题影响。

基于这两个要素，根据工程师的建议，小明从 180 个零件中筛选出 7 个符合要求的，准备让其他备选供应商报价试试。

细细的红线

2018 年 8 月 29 日，星期一，气候温和起来。

很快，小明拿到一家供应商的报价，虽然个别物料的价格稍有竞争力，但是整体价格与 ABC 供应商持平。考虑到需要摊销投资费用和测试费用，小明要求供应商降价 5%，但供应商在给出要研究一下的反馈后便再无消息。

其余供应商也纷纷提出自己的困难，比如某个端子买不到，或者询问一些技术问题，小明和研发的同事都难以回答，因为很多物料都是在前期由供应商 ABC 决定的。

整件事情看上去没有希望，小明也开始变得绝望，因为他知道如果完不成任务，就得“提头来见皮经理”。

面对皮经理的多次催促，小明只能编造故事，比如说有一家新供应商看上去蛮有竞争力的，我会找他询价；或者说东南亚的供应商的劳动成本低，我会找找信息，做做寻源等。

其实小明心里很清楚，经过多年的降价，ABC 供应商已经把价格降到很低了。组装线路板的成本80%以上是由零部件决定的，如果设计不做变更，根本找不到成本更低的供应商。而小明也不愿让一家新供应商不赚钱接单，因为他无法保证后续会有新的部件给到这家新的供应商，因为天波公司的产品已经上市十几年，所谓的新产品都是在老产品的基础上更新，部件一律沿用，没有什么利润好的组装线路板可以拿来回报给新的供应商。

看起来，小明陷入了一个无解之局，他不明白为什么皮经理不顾客观情况，一味地逼他切换供应商。可能一切都是源于总经理的一句话吧。没有总经理的肯定，皮经理怎么能够坐得稳呢？

这些过于复杂的分析令小明头疼，因为年轻且职位较低，他从来没有接触过严格意义上的公司政治，他只是公司里的一个被影响者，一个执行者，一个小兵。

但是小明知道，如果一味从负面来看待这件事，只会给自己找到停止思考的理由，对问题的解决没有任何帮助。

“别关闭，别关闭。”小明双手按压着太阳穴，努力聚焦于当前的问题，不让任何借口分散大脑的注意力。

“既然现在的方向解决不了问题，我就得重新分析问题，找到令皮经理满意的答案。”小明冥思苦想。

“皮经理到底要什么？他跟供应商ABC素无来往，亦无仇怨。是因为供应商ABC持续的交货问题引发了公司高层的不满，他才必须有所行动，以便交差？”小明开始从源头考虑问题。

“既然更换供应商从成本的角度来看没有意义，那么只能不更换。供应商ABC订购的组装线，下个月即将到场，再加上公司最近清库存，降低订单量，到下个月底，供应商 ABC 的产能问题就会得到彻底解决。但是毕竟 ABC 给公司造成过损失，因为延迟交付导致公司遭到客户的投诉和罚款，这笔账必须有个说法，否则皮经理交代不过去。”小明逐渐想明白了。

“我如果让供应商 ABC 多贡献一些降本，视作赔偿或者罚款，这是不是一个很好的替代方案呢?”小明点点头，通过聚集洪荒之力，总算想到一个替代的办法。

于是，在接下来的一次见面会上，小明试探性地向 ABC 公司的销售总监提出想法。没想到该总监的回答非常坚决，“不行!”

“什么原因?”小明大惑不解。

“你也知道，今年我们投资了一套组装线，回收期很长，导致我们没有额外的让利空间。”销售总监言之有理。

“但是之前你们延迟交付，导致我们遭到客户的投诉和罚款，公司高层对你们产生了严重的不满。如果不贡献年降，就会破坏现有关系，我们不得不开发新供应商，你们的损失会更大。”小明据理力争。

面对小明的强硬，销售总监有些退让。“我们可以考虑一次性的扣除，比如几万元人民币，作为延迟交货的罚款。”

“但是!”销售总监话锋一转。

小明心里一惊，这位销售总监要说什么呢?

“罚则必须对等。”

“什么意思?”小明不解。

“以后你们加急的订单，要给我们付加急费。而且金额与罚金一致。”话说，现在的销售总监都是人精，都懂得如何保护自己公司的利益。

“我需要跟公司申请一下。回头跟你约个会。”毕竟小明比较沉稳，知道如何在没有把握的情况下稳住局面。

现在，小明需要时间仔细思考一下事情的来龙去脉，分析利害关系，揣摩公司高层和皮经理的想法，想想如何说服供应商，找到能把各方利益牵在一起的那根细细的红线。

罚则对等

2018 年 9 月 6 日，星期四，夜晚起寒风。

这几天小明的精神有些恍惚，过马路时经常被路沿磕绊。

“事情好像总是不顺利，老问题还没有解决，又出现新问题。”小明叹息。每次想到 ABC 的销售总监的要求——罚则对等，小明便处于深度矛盾之中。

从甲乙双方的力量对比来看，因为技术欠债和价格的竞争力问题，ABC 公司难以替代，天波公司不占上风。那么，在这种情况下，ABC 供应商提出罚则对等，貌似理所当然，合情合理。但是这件事情早就引起公司高层和皮经理的高度重视，他们一定不会同意这样闻所未闻、可笑至极的对等条款。

“实在没办法，我跟皮经理汇报一下。”小明想要放弃努力。但是他想到皮经理在部门会议上说过的一句气话，“如果所有问题都需要我来解决，那么，我要你们干什么？”

如果自己向皮经理“举手”，那么无论结果如何，自己都不会被加分。皮经理一定会觉得自己能力不行或者推卸责任。总之，不到万不得已，不能寻求经理的帮忙。

这时，小明想到一句话：“力量只存在于头脑之中”。意思是说，在对方不知道底细的情况下，采购员要学会造势，让对方觉得你并不依赖他，从而在谈判中获得最大的利益。既然当自己说会考虑引入新供应商时，ABC公司的销售总监有所退让，这就说明他相信甲方有能力更换供应商，自己完全可以沿着这条线跟他展开竞争性谈判，说不定他在“罚则对等”的问题上会再次让步。

于是，一次谈判开始了。

“张总，想喝点什么？”小明懂得商务礼仪，见到ABC的销售总监落座，礼貌性地问候。

“不用客气了，小明，我自己带水了。”张总都有准备。

“上次说的一次性扣款事宜，引起了我司高层的重视，希望贵司尽快承诺。”小明语气强硬。“我司从来没有跟任何供应商签过所谓的对等罚则，所以也不会同意贵司的要求。”小明先来个下马威。

张总面色微怒，一字一顿地说：“我司一直把贵司视为愿意扶持供应商共同成长的客户，因此对贵司的业务一直都很重视。如果贵司只想要剥削供应商，那么我司也会调整策略。”

小明的三板斧被老练的张总一下子给弹开。张总这种老销售压根就没有把小明放在眼里。

“既然今天请您过来，我司就是想要诚心诚意地解决问题，为更好地合作打基础。”小明把话接过来，稍微缓和一下气氛。“但是如果你们不答应，我只能郑重地通知，贵司的所有订单很快会被停止。这不是我一个人的决定，而是公司高层的决定。坦白地说，我们已经找到可以替代的供应商。”小明开始使用受托策略。

听到这里，张总有点慌张。他仔细打量着这位年轻的采购员，看看小明的表情有何破绽，是不是在使诈。小明心里也是七上八下，但是因为长相成熟稳重，容易让人信任，最终瞒过了张总。

“您说的意思我明白了，这样吧，我跟老板申请一下，但是下不为例。”很明显，张总临来之前已经和老板商量好了谈判的底线。在小明营造的强势氛围下，张总最后只能妥协。

“您现在就打电话，因为公司要求今天知道结果，否则就要做切换。”小明绷着最后一口气，要求张总必须立即落实。

“好好，我现在就告诉你，我们答应，好吧。5 万元你们从货款里扣吧。麻烦你写个字据，我签字。”张总笑了，这是被小明逼得漏了老底无奈地笑。

“我马上准备。以后必须好好表现，你们现在从成本到供货都需要提高，否则很危险啊。”小明继续绷着，不让供应摸到他的底。

“好好，我会跟内部传达。吸取这次教训，给你们更好的支持。”当一个人的心理防线被攻破后，也就什么要求都能接受了。

张总走后，小明深深地呼了一口气，是一种从头到脚的解脱，就像是一个人熬过了漫长而又寒冷的冬季，重新生活在春暖花开的世界里。

“明天向皮经理汇报后，他会不会满意呢？不管怎么说，我总算取得了成绩，应该可以有个交代了吧。”小明突然变得乐观起来，不管明天等待他的将是什么。

把信送给加西亚

2018 年 9 月 7 日，星期五，天气一如昨天。

第二天上班的路上，小明的心里多少有些忐忑，总算有点成绩可以向皮经理汇报，但是不知道皮经理是否满意。总之应该借机说说自己的看法，说服领导，让自己尽早解脱出来，去做更有价值的工作，而不是钻在这个牛角尖里团团转。

来到办公室，小明赶紧瞅了一眼皮经理的办公室，发现没有人。“经理没来?”小明诧异地询问同事。

“经理上午去一家供应商那里，下午回来。”小李搭话。噢噢，是自己太心急了，真是一点也不稳当，还是年轻啊，小明自嘲。

下午，皮经理刚回到办公室，小明就急急忙忙地跟进来了。

“经理，我向您汇报供应商 ABC 的进展。”小明微笑着，观察皮经理的面部表情。

皮经理以为有好消息，十分高兴，问：“找到合适的供应商了？有多少降本呢?”

“嗯……是这样,我尝试了很多家供应商,在价格上都不比供应商 ABC 的低,而且由于技术欠债问题,很多部件难以转移。所以我跟供应商 ABC 的销售总监张总做了一次谈判,对方答应支付 5 万元作为交货问题的罚款。”小明直言相告。

听罢,只见皮经理的脸色沉了下去,对小明说:“你是否听过把信送给加西亚的故事?”

小明摇摇头,不知道皮经理什么意思。

“这个故事主要讲述了在 19 世纪美西战争中发生的一个传奇故事。美方有一封具有战略意义的书信,急需送到古巴盟军将领加西亚的手中,可是加西亚正在丛林作战,没有人知道他在什么地方。这时一名年轻中尉——安德鲁・罗文挺身而出,他没有任何推诿,不讲任何条件,历尽艰险,徒步三周后,走过危机四伏的国家,以绝对的忠诚、责任感和创造奇迹的主动性完成了这件不可能的任务。”皮经理是借这个故事来责备小明。

站在办公室里的小明,心里感到一阵寒意。但是嘴上又不能驳斥领导,只能佯装笑脸,连连称道:“您说的意思我明白,很有道理。”

“关于供应商 ABC 的事情,我的要求从一开始就很明确,就是要找到新的供应商更换掉供应商 ABC。ABC 认罚是好事,你做得对,但是还要继续寻机转移组装电路板,给供应商 ABC 最大的压力。”皮经理开始强调自己的要求。

“可是我之前做过很多尝试,真的很难,其实供应商 ABC 的价格真的不高。”小明还是斗胆谈了一下自己的看法。

“你听说过 out of box 思维吗?”皮经理开始引导小明。

“是说我们要跳出常规来思考问题。”小明已经读过很多书,自然知道它的意思。

“没错。你可以说供应商 ABC 已经没有降本空间了，你可以找一百个供应商询价来证明你是对的，但是这不能解决任何问题。”皮经理的语气加重，“你要知道，没有一家公司的采购员不背降本绩效的。如果不背，那就不是采购员了，你明白我的意思吗？”

“我好像明白了，就是说即使客观来讲很难降本，但是从采购职能的角度，必须要完成年降，否则便没有设立这个岗位的必要。”小明分析道。

“对！说到工作压力，我的压力一定最大。在这个十几年不更新产品的企业里，很明显，很多降本策略都已经实施完毕，现有供应商的利润空间和降本机会都已经消耗殆尽。我们只能通过引入低成本的供应商，或者引入高技术的供应商，帮助我们实现降本，否则就会一潭死水。”

“所以，我们要采取引入更有竞争力的供应商的策略，是这个意思吗？”小明大概听明白了。

“当然这只是实现降本的策略之一。任何企业想要发展都要求变求新。一家企业最核心的驱动力就是人的动力。如果员工只是想着上下班，不求新求变，企业很快会失去竞争力，员工也会越来越难以得到发展的机会。相反，如果你打开思路，向着目标不断探索，就会找到不同寻常的解决方法，自己也将得到提升。这就是‘把信送给加西亚’告诉我们的道理。希望这个故事对你有所启发。”

“噢，我现在明白了——我会想想怎么做能把这个任务完成好，回头我再向您汇报！”说完，小明向皮经理点头以示尊重，之后便回到自己的座位。

总的来说，这段对话对小明是一种激励，使得小明感到莫名亢奋。这是一种坚信自己能够解决难题而获得成就的感觉。我一定要把信送给加西亚，小明暗下决心……

急于求成

2018年10月10日，星期三，风和日丽。

受到启发的小明，兴奋而激动。然而，兴奋过后又要面对现实，怎么能够迈出第一步，跟什么样的供应商合作降本呢？

就在小明冥思苦想之际，有一家组装线路板厂主动找上门来。这家组装线路板厂的总部在英国，是一家名不见经传的家族企业。由于他的大客户把制造中心从英国转移到中国，为了保持自己的竞争力，便也在中国建厂。

但是，大客户在中国工厂的采购工作是由中国雇员主导的，在这家组装线路板厂进入中国之前，采购员已经把订单给到别的供应商。导致该组装线路板厂处于十分尴尬的境地：如果不在中国建厂，因为业务转移，英国工厂将来会维持不下去；虽然在中国建厂，但是客户并没有承诺订单。

在这种情况下，这家工厂的销售员只能四处出击，几乎是不计成本地拿单，目的是让在中国新投资的组装线路板厂尽快运转起来。

“原来是这样。”听了销售员的介绍，小明对供应商的整体水平和现状有了初步的了解。

“嗯，整个工厂虽然是新的，但是人员的素质很高，培训很完善，设备也很先进。规模虽然小，但是给人一种小而精的感觉。”小明对供应商的整体印象相当不错。

“这个项目的情况我也交代了，只有满足我的降本绩效，才会考虑。”面对销售员，小明明确地说出了自己的要求。

“价格不成问题，我们一定可以满足贵司的要求。”销售员连忙表态。

“在组装线路板的成本中，至少 80％是零部件的采购成本。你们的采购规模又小，请问怎么能做到比别家低 10％呢？”其实小明不需要 10％的降本绩效，但小明心想，自己的首次出价一定要低，给对方一个讨价还价的空间，最终才能在 5％左右搞定。

“价格真的不是问题。您告诉我目标价，我立即申请。”销售的神情很坚定。很明显，相对于利润，销售额要重要得多。

“好，就这个件，每个 90 元。我稍后把 BOM 和图纸都发给你。”小明把降了 10％的目标价格告诉对方。

“三天内答复。”销售员拍着胸脯说。

“嗯……嗯”小明欲言又止，这种感觉很奇怪，供应商的销售人员仿佛一直在吹牛，但又不像。他们真的可以不要利润接单？往下看看再说，小明不禁小心翼翼起来。

两天后，供应商打来电话，说他们的工程师在收到 BOM 和图纸的当晚就开始研究，第二天自己公司的采购员评估了原材料的价格，最后公司同意按照 90 元/个接单，而且不需要甲方支付任何投资费用。

“这是史上最完美的条件。”小明心想。

然而，小明还是有些不放心，要求供应商提供报价明细，检查供应商还剩多少利润。

“好的，马上就提供。”不愧是小而精的外资企业，销售人员非常精干。

看到零部件价格占比高达 90％，但是除去损耗和管理费，供应商还有 1％的利润时，小明总算放心了。“好的，我会向上级汇报，稍等几天。”

第二天，听着小明的汇报，皮经理仔细地端详这份报价单。“你要提交风险控制计划。”皮经理抬起头看着小明，说道。

“这是指什么？”小明一头雾水。

“需要分析供应商的产能、品控、供货、财务、人员、可持续供应计划等方面，一旦发生问题，要有补救措施，才能跟他们合作。”

“好的，我马上做。”按照皮经理的思路，小明制作的供应商风险控制计划如下表所示。

供应商风险控制计划表

××××年××月××日	当前情况	控制方案
产能	充足	定期沟通
品控	ISO9001	年审
供货	先进的 MRP 管理系统	发现问题再考虑
财务	第三方报告显示：是 4 分，仅次于最差的 5 分	(1)到现场做财务审核； (2)根据审核结果分析财务不良的原因并制订控制计划
人员	充足	发现问题再考虑
可持续供应计划	没有	要求英国工厂和中国工厂互为替补，并制定详细的灾难转移方案

从风险分析表中显示的结果来看，供应商面临最大的风险是财务风险。就在小明打算提出做财务审计之时，供应商的销售员发来一封很长的电子邮件，意思只有一个，即从战略合作的角度讲，贵司可以承诺一年多少的采购额。

“好奇怪，一个项目都没做呢？怎么就问这个问题呢？”小明在电话中质问销售员。

“实不相瞒，公司的高层在考虑关闭中国工厂。”销售员在用一种十分抱歉的语气说话。

“你们怎么刚投产就关厂？”小明吃惊地问。

“公司在中国工厂投入很多，现在遇到资金问题，再加上我们最大的客户始终不承诺订单给我们，致使总部开始对中国市场做整体评估，之后决定是否继续投资。”销售员很诚实。

“如果不投资，员工怎么办？”毕竟都是中国人，小明非常关心同胞的安危。

“员工目前都放假在家，如果裁员会给补偿。”关于这一点，在外企工作的人并不需要担心。

“好吧，我会跟领导讨论。”小明像是泄了气的皮球，情况已经很明朗了，双方的“一见钟情”到此结束。但是小明的降本难题并没有得到解决，再拖下去也不是办法，到底还有什么样的方法能够解决这么棘手的问题呢？

对标降本

2018年11月19日，星期一，树叶凋落，已是深秋。

在谈判、寻源和比价间兜了一圈之后，小明发现自己再次回到了原点。这些方法在本质上都是通过削减供应商的合理利润来降本。

考虑到线路板已经供应十几年，价格已经很低，再寻求降价只会引入风险，貌似任何商务层面的降本方法都不灵。想到这里，小明不禁感慨，做采购员真难。虽然在大众眼里，采购工作什么人都能做，但是想要令皮经理满意，自己必须成为孙悟空，会七十二变才能玩得转。

既然所有的商务方法都不好用，那么就只能从战略层面思考。采购部的降本压力来自哪里呢？来自竞争对手。

虽然天波公司的实力雄厚，但是竞争对手也在近几年不断推出新品，体现为体积小、成本低、性能好，导致天波公司的市场占有率逐年萎缩。迫于成本压力，公司把辅助研发的采购部推到台前，主导产品成本的降低。

经过几年的降本，貌似已经没有哪里能够看到降本的机会了。也就是说，如果不在产品本身的设计上做变动，今年的任务不可能完成。但现实情况是，公司的研发人员不背降本指标，没有动力为了降本去冒险变更设计，采购员根本指望不上他们。

怎么办？这貌似是个死循环。这种情况，倒逼小明不得不进行跨界思考。

很快，小明想到，只有拿到竞争对手的组装线路板做对比，才能看到差别，推动研发。但是，如何能够拿到竞争对手的线路板呢？小明想到隔壁办公室的销售老王。

老王在公司服务十多年，是位颇有人缘的销售。

“老王，我想弄个竞争对手的组装电路板对比一下，推动降本。”小明把老王请到办公室外面小声说。

“早说呀，销售部的办公室里就有。”

“怎么回事，你们怎么得到的？”小明很好奇。

“我们参与新项目招标，会经常研究竞争对手的产品。一次有一个马来西亚的招标，结果竞争对手的报价比咱们的成本都低，我们很惊讶，于是买来竞品拆开研究。”

“采购部怎么不知道？”

“这你就别问我了。”

“好好，那你把组装线路板借给我研究一下。”

“没问题，反正我们也不用了，给你。”老王就是这么潇洒大方。

拿到竞争对手的组装线路板，和天波公司的线路板放在一起，小明一眼便看出了差别，如下图所示。左图为竞品的线路板，右图为己方的线路板。

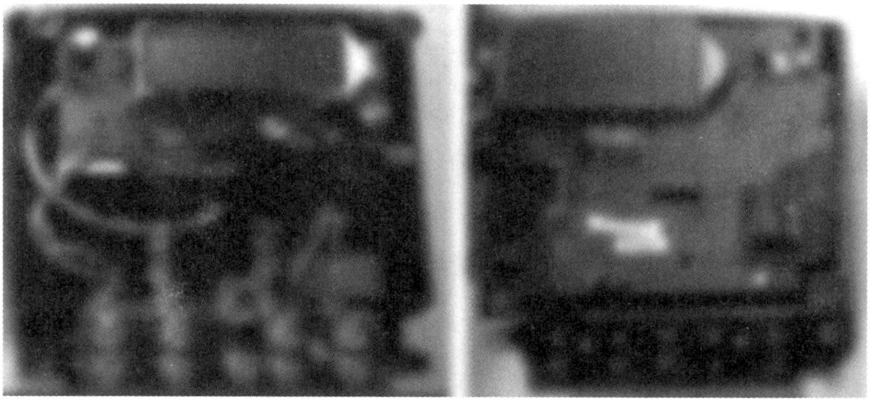

线路板对比图

可以明显地看出，竞品线路板的尺寸要小很多，元器件的数量也少很多，连接的材料也不一样。经过仔细比较，发现如下差别。

线路板对比表

BOM(物料清单)	竞　品	己　方
PCB	50×100 mm	比竞品的面积大一倍
MLCC	30	83
垫片电阻	41	114

续上表

BOM(物料清单)	竞　品	己　方
压敏电阻	直径 12 mm	直径 18 mm
液晶	尺寸小,引脚少	尺寸大,引脚多
底壳	借用继电器的铜条散热	安装黄铜条散热

在产品研讨会上,迫于总经理施加的压力,研发部经理表态说竞品的设计并不复杂,工程师可以立即设计出相似且不侵犯竞品知识产权的组装线路板,这让小明和皮经理都很惊讶。

果然,工程师三天后就设计完毕,一个月内拿到样品,测试项一次性通过,实现降本 40%。

总经理并没有因为取得这样的成绩而高兴,反而十分恼火。从总经理的角度看,必须要给研发下达降本指标,否则行不通。从此以后,年降 4%的指标由研发部负责,采购部只负责 3%的合理降价指标,皮经理终于松了一口气。

事后,由于贡献突出,皮经理和小明都得到了总经理的嘉奖。随着供应商 ABC 扩产完毕,交付不再有问题,总经理也不再为难皮经理,皮经理也就不再追着小明要求更换供应商 ABC 了。

2018 年底,皮经理与小明单独约了一个小时,畅谈这一年小明的收获和感悟。

“这一年,你的进步速度很快,简直超出我的预期。”皮经理赞叹道。

“可是我总觉得自己不比任何人优秀,还出现过一次供应商投诉。”小明觉得皮经理过奖了。

“你给我的印象一直是非常踏实、靠谱,我说的话你都认真倾听,全力去做,在工作中严守规则，即使出现问题，也不是你个人的原因，而是工作方法不恰当。令我感到欣慰的是，你经过一年半的学习和实践，已经可以独立承担很多工作了。你甚至能够发现对标降本的机会并推动研发改进产品设计，完全出乎我的预料。这次对标降本让公司的整个管理层都认识你了，借此机会，我给你申请升职并获得了总经理的批准，工资随之上涨 30%，希望你再接再厉，继续加油！”对于令自己满意的员工，皮经理一向出手大方。

“手头终于可以宽裕些了。生活压力小了，我可以更加集中精力做好工作。谢谢经理栽培。”小明心里乐开了花，这是一种长期努力后终获认可的开心与舒畅。

2018 年，小明从一个缺乏采购知识和经验的初学者，在皮经理手把手的指导下，迅速成长为能够承担重大任务并取得惊人业绩的采购员。这正验证了那句话：不经历风雨，怎能见彩虹。年终，小明的不懈努力终于换来了令自己满意的回报。

那么，在升职加薪之后，小明又将面临哪些挑战，取得哪些收获呢？

请您继续阅读第三章学会管理项目采购。

03

第三章 学会项目采购管理

2018年对于小明来说，是一个打基础之年。通过多学、多问、多实践和多思考，小明不但为公司获得了可观的降本业绩，甚至用工作只有短短一年半的时间，就获得了职业生涯中的第一次升职加薪。

正在小明踌躇满志，研究如何在采购员的岗位上再创佳绩之时，命运之神再次眷顾小明，因为他将获得一次很多采购人一辈子都难以得到的机会——成为项目采购工程师。

这是一个怎样的岗位？小明将面临怎样的挑战？又会有怎样的收获呢？

项目采购的职责

2019 年 1 月 4 日，星期五，跨年的第一场雪，来得不早也不晚。

“来一下我的办公室。”元旦假期过后的第一个工作日，皮经理就把小明请来谈话。

“公司要做一个大型医疗器械项目，你听说了吗?”落座之后，皮经理首先询问小明。

“听说投资大、交期紧、要求高，是 2019 年的‘开年大戏’。”小明对公司的形势把握很准确。

“对，上午刚开完管理会，总经理要求采购部出一个人担任项目采购工程师的职务，确保项目顺利进入量产期。我当场提名由你来担任。”

项目采购工程师是一个在公司内部接触人非常多、可见度非常大的职位。起到沟通、协调、组织、管理各部门及供应商按照项目的要求，完成从新产品概念开发、样件提交到量产准备的工作，要满足 RAQCSI，即法规、交付、质量、成本、服务和创新。

在理想情况下，这个角色是多余的，因为采购员应当起到内部协调和供应商协同的作用。但现实情况是，不同采购员的能力参差不齐，而且每位采购员都有自己的日常工作，例如降本、开发新供应商、询价、合同续签等，这就产生了项目管理与采购管理的第一大矛盾——采购员经常不能按时参加项目会议，项目经理看不到采购部有条件、有能力提供及时而又满意的服务。

这个问题需要怎么解决呢？依赖项目经理？恐怕很难。因为采购本身也是一门学问，项目经理往往没有从事过采购工作，让项目经理读懂供应商的报价单都很难。在这种情况下，也就催生了项目采购工程师这个职位。能够快速而有效地解决以上提及的问题，便是项目采购能够创造的价值。想要成为称职的项目采购工程师，需要具备很好的沟通、组织、协调和管理能力，要有深厚的采购背景，起到对采购部和相关部门的组织和管理作用。因此，公司对项目采购工程师的权责做了如下规定：

（1）对项目所有外购件的 RAQCSI 负责；

（2）对项目流程进行支持和优化，比如在研发试样和量产之前的空档期，增加一个批次的样品，验证供应商的工艺能力，邀请质量员进行检查；

（3）审批所有外购件的订单，对申请购买的样品数量也要审批；

（4）对于项目相关的重要事宜，直接访问供应商或与供应商直接沟通，参与重要的供应商开发与价格谈判工作，审批商务合同；

（5）评价采购员的表现，影响采购员绩效考核的结果；

（6）寻找、跟进或领导项目研发期和量产期的降本机会；

（7）协调解决供应链相关问题。

“公司对于这个新岗位抱有很大的期待，我也相信你是最佳人选。”皮经理如是说。

小明虽然仍对项目采购工程师这个新岗位一知半解，但是他认为这是一个进步的好机会，便欣然接受。

那么，在新的岗位上，小明会一帆风顺吗？接下来会发生哪些突发事件，小明又是如何妥善处理的呢？

项目采购的三个难题

2019 年 2 月 12 日，星期二，这是一年最冷的时节。

“项目怎么又要延期？相关供应商到底什么时候能够具备量产条件?”一大早，皮经理便把小明请到办公室，一副很不高兴的样子。“我估计这件事情很快会升级到总经理那里，我还得做出解释。”皮经理故意强调事态的严重性。“我需要知道所有存在的问题。”皮经理故意强调“所有”二字。

面对皮经理不分青红皂白地质问，小明感到很委屈，一边忍住眼泪一边说：“总的来看，现在有三个困难摆在我面前。”

“哪三个?”

“第一，上个月供应商 A 在初次试制样品时，发现我们的图纸有严重的问题，导致供应商停止生产。这个问题我在第一时间反馈给了项目经理，要求设计部在两周内完成更改，以满足项目的时间节点。结果设计部到现在还没有识别出图纸上所有的错误，图纸尚未更正，所以到现在供应商 A 都交不上货。”

“嗯。你做得好。图纸的事情采购部解决不了，耽误的时间也是由设计部造成的，我不怪你。”

“但问题是，项目经理不这么想，他管不了设计，只会让采购部想办法压缩时间，给人一种是采购与供应商的原因造成延迟交付的印象。”小明愤愤地说。

“这件事交给我就好，我要让项目经理和高层明白，采购员与供应商在做项目计划时，已经把时间压缩到最低了。如果研发耽误了一个月，也就意味着项目要整体延期一个月，找采购把时间挤压出来并不现实。”皮经理很能理解小明的难处，自己也很有担当。

“第二，在考虑样品数量时，项目经理只是考虑了公司做整机测试所需要的数量，没有考虑到以下需求：

“(1)做国际认证需要样机；

“(2)做包装测试需要样机；

“(3)市场部参加展会需要样机；

“(4)在样机的组装过程中产生的不良和报废。

“以上这些因素导致样品数量经常不够，使用部门反复申请采购，供应商重复制作，结果是费时、费力、费钱，也导致了项目的延期。”小明接着说。

“这毕竟是公司的第一个大项目，看来项目管理团队还很缺乏经验。我会在管理会上说明，以后要有一个‘+1 原则’，就是在已知的样品需求量的基础上再+1 个或乘以 10%，以备不时之需，不能只看眼前利益。”皮经理立即想到解决方案。

“我也会更加强硬一些，而不再以建议的口吻去要求，免得总做无用功。”小明也想对项目经理施压。

“很棒，这样你的影响力也会得到锻炼。那么，第三个困难是什么？”皮经理接着问。

“第三个困难是关于订料的职责。现在项目面临最大的问题是，很多供应商的样品还没有完成验证，就把订料的职责移交给计划部。计划部根本就不知道具体情况，只会下预测、下订单和追料，如果供应商举手说不能满足交期，计划部就会向采购投诉，让大家哭笑不得。”

“这是一个‘很傻’的决定，是一个缺乏逻辑、非常低级的错误。我到现在也没有搞清楚是谁做的决定。”皮经理在小明面前说话毫不掩饰。

小明一边点头表示赞同，一边接着说：“而且现在的问题是，公司的高管是在凭自己的想象做决策。由于很多决策不切实际，对于干活的人来说，很打击士气，缺乏参与感。另一方面，由于项目管理不同于商务采购，有着很多的沟通接口和更多的要求。我也看到一些采购员不能适应这种工作方式，个别人已经开始消极怠工的情况。”

“这个我心里有数。一方面，很多职场的规则我们无法改变，只能迎合；另一方面，你也不要受到那些消极人的影响。职场是公平的，最终谁的贡献大，谁的收益就大。不愿意成长和改变的人，终将被公司淘汰。”皮经理的言外之意是，我救不了所有人，但我会保证给愿意出力的人最大的回报。

“对对。”聪明的小明听懂了。

“我明白了，你已经尽力了，我不会怪你。现在项目管理的问题很多，需要从源头上梳理，我会建议公司高层召开问题反思会，大家一起讨论，找到令各方都满意的解决方法。”

“我也希望这样。回去我会再总结一下，做个 PPT 发给您。”

“好样的，我发现你不但上进，抗压能力还很强。好好干吧，前途无量。”皮经理很欣赏小明的才干。

回到座位后，小明总结了从事项目采购遇见的三个难题，分别是：

(1)一旦研发部拖期，项目经理会要求采购把时间补回来。

应对之法：坚决顶住压力！不能让项目经理存有侥幸心理。

(2)样品的数量到底怎么定？

应对之法：实在没有现成的办法，就按照“+1 原则”（数量少于 10 个）或+10%（数量多于 10 个）执行，切不可因小失大。

(3)采购何时把订单转移给计划？

应对之法：供应商的样品经过验证，达到量产条件后再转移，否则采购就会被两头堵着（研发和计划），浪费资源做无用功。

“希望这些难题很快得到解决，”小明在心里默默祈祷着。

如何确认外购件的可行性

2019 年 2 月 14 日，星期四，阴霾。

“再过两个月就要量产了，怎么还有供应商出问题？”皮经理今天的心情很糟糕，把小李叫到办公室，劈头盖脸地责问。

“供应商已经几次打样了，只有一次能挑出几个合格品，其余100%不良。他们说实在做不出来，这个活不接了。”小李并不觉得自己的供应商管理有何问题，所以心安理得的汇报情况。

“当初选供应商的时候你做了什么？”皮经理强压怒火，继续责问。

“他家便宜啊，价格只是别人的一半，而且规模大。”小李依然理直气壮。

“所以他家就可以想不做就不做了？”皮经理的不满溢于言表。

“我又联系了一家供应商，愿意接这个产品。”小李还是没有明白皮经理的真实意思。

“除非你能证明这家供应商有能力做出合格品，否则我不同意。”皮经理瞪大眼睛，言语之间流露出对小李的极度不信任。

“这……”小李不知所措。

“你把小明叫来！”

不一会，小明跟随小李匆忙走进皮经理的办公室。

“小明，我给你出一道题，你敢不敢接？题目就是如何在供应商定点之前确认外购件的可行性！”

“我会好好研究一下，给您一个方案。”小明年轻、有冲劲、喜欢挑战。

回到座位后，小明整理思路，意识到需要按照如下次序做好这道题：

(1)收集痛点；

(2)归类问题；

(3)找到解决办法；

(4)嵌入项目管理流程。

经过调查小明发现，在天波公司的新产品开发项目中，在供应商定点时，很多采购员只考虑最低价格而不考虑总价值，导致很多外购件出现质量不良，不能按时交付，供应商强行要求涨价、供应商产能不足、供应商没有机会早期介入等问题，导致采购部频频遭到项目经理的投诉，在公司的地位每况愈下。

经过分析，小明发现这些问题的根源在于：

(1)采购部自己决定使用哪家供应商，导致设计部完成图纸后便不愿与供应商协同解决问题；

(2)很多供应商审图不仔细，没有能力把所有问题点提前识别出来；

(3)采购员考虑问题不周，没有按照 RAQCSI 选择总成本最优的供应商，而是选择价格最低的供应商；

(4)供应商质量工程师在打样期才介入，只能救火，没有被使用好。

总结如下：

(1)提出要求的(设计人员)和接受要求的(供应商)没有沟通；

(2)有能力识别质量风险的(供应商质量工程师)没有被使用；

(3)没有全面考察 RAQCSI，也没有得到供应商的靠谱承诺。

因此，小明设计了一个可行性分析流程，可以在最终图纸设计出来之后和正式发布之前执行。

可行性分析流程的实施步骤是：

(1)首先由采购员识别部件的复杂度。

①如果是标准品，略过可行性分析；②如果是简单的定制件或组装件，由供应商填写《可行性分析报告》，各部门签字存档；③如果是复杂的定制件或组装件，由采购员邀请设计部、质量部与供应商召开见面会议或者视频会议，按照由

供应商填写的《可行性分析报告》逐条讨论，直到各方都认为没有 RAQCSI 相关的风险，才能一起签字确认。《可行性分析报告》的模板如下：

可行性分析报告

1. 基本信息			
物料名称		物料号码	
所在产品		图纸号码	
采购员		填写日期	
2. 供应商可行性分析			
供应商名称		供应商代码	
物料可得性		工艺可行性	
产能可用性		质量要求	
项目交期		识别出的风险	
创新建议		合法合规	
供应商代表签字		日期	
3. 各部门意见、签字和日期			
研发部		日期	
质量部		日期	
采购部		日期	

有了这样一个流程，采购员便可以邀请各部门一起参与供应商的定点工作，并一起对最终的结果负责，同时可以倾听供应商的建议，解决了小明识别出的三个问题。

皮经理对此大加赞赏，要求小明与项目部一起更新流程管理文件，并提交到管理会上决议。

供应商说没有问题，采购员该做何反应

2019 年 2 月 18 日，星期一，寒风刺骨。

一大早，皮经理就把小李请到办公室，询问 A 供应商的××认证情况。

“供应商说没有问题，8 周时间就能搞定，刚好在量产之前!”小李自信地回答。

“细节清楚吗？需要提供多少样品？做哪些测试？测试多久？有把握一次性通过吗？要知道，客户已经下订单了，我们必须尽快具备出货条件。”

“具体细节我不清楚，这是供应商的事。”小李理直气壮地回答。

皮经理听完直皱眉头。凭借多年采购管理的经验，皮经理认为这是一个失控点，很可能会出问题。

接着，皮经理又把小明找来。

“你负责的 B 供应商怎么样了？何时拿到××认证?”

“供应商说他们很清楚所有的要求，8 周时间就可以拿证。”小明的回答与小李如出一辙。

“所以你也不知道测试的细节，对吧。”皮经理已经不高兴了。

“最近太忙了，没有时间了解细节。”小明显然麻痹大意了。

“此事非同小可，销售部总监今天早上给我打电话说，很多客户已经预定我们的产品，而且是预付全款，如果不能按时发货，我们将按天给客户缴纳罚金。这样吧，我们明天到 A 供应商那里开个碰头会，把××认证的人和 B 供应商的人都请过来，把所有细节问题和时间节点沟通清楚。”

很快,A 供应商的答复是没有问题,而 B 供应商则坚持认为他们了解所有的细节而不参会。

第二天,会议如期举行。

“你们到底需要什么样的样品? 是按部件还是按材料认证?”在简单的寒暄之后,皮经理向××认证公司派来的代表发问。

“我们是按照材料认证,只要你的产品在测试材料的厚度范围内,例如从 1 mm到 3 mm,都会受到××认可。”××认证公司代表回答。

“原来是这样,我们之前以为每个部件都要抽样,所以准备了四个部件的样品,其实只需要提交一个 1 mm 厚和一个 1.5 mm 厚的样品就可以涵盖四个部件。”A 供应商恍然大悟。

“对呀,这样你花两份钱就可以了,而不是四份钱,我们也会更快地出具测试结果。”××认证的代表如实回答。

“这一下子就节省了 20 万元的测试费用呢!”A 供应商咋舌。

“你们看看,我说什么来着,必须要搞清楚细节。”皮经理把脸转向身旁的小李和小明,得意地说。

“长见识了!”小李和小明连忙点头称是。

“你们有把握一次性通过测试吗? 测试项目和标准清楚吗?”皮经理把脸转向 A 供应商问道。

“1 mm 厚度以前做过防火测试,问题不会太大;但是 1.5 mm 厚度的没有把握。”A 供应商很坦诚。

皮经理回头瞪了一下小李,潜台词是,“你不是说没有问题吗?”小李惭愧地低下头。

这瞬间发生的事情被××认证的代表看在眼里,立即把话接过来:“我们

××认证有一个预测试服务，就是一旦测试不通过，可以再次允许你们送样，节省时间，只需增加20%的费用。否则一旦测试不过，时间和费用都要双倍。”

听到这个提议，皮经理的心情稍微轻松了点。“那么你们做一次测试需要多久？”

“最近的任务排得很满，要12周才能出结果。”

皮经理一下愣住了，心里非常的生气。快速调整好心态之后，皮经理接着问：“有加急服务吗？”

“有的。6周出结果，费用增加50%。”

呼！皮经理长出一口气，这个时间还是有希望的，而且刚才从抽样那里节省了20万元，完全可以涵盖住加急费。

“但是如果一次测试没有通过，第二次测试出结果还是需要6周。”××认证的代表补充道。

“嗯！嗯！”皮经理不知道该说什么好。

“所以你们想怎么做呢？”××认证的代表步步紧逼。

“该加急就得……”没等皮经理说完，小明赶紧拉了一下皮经理的衣袖。

“怎么了？”皮经理把脸转向小明，诧异地问。

“是这样，B供应商的工艺很复杂，不一定能在一个月内做出样品。所以现在A供应商不是瓶颈，而是B供应商。也就是说，很可能不需要给A供应商办加急。会后我会立即联系B供应商排出详细的计划，咱们再定。”

“如果是这样，B供应商在8周之内绝无可能拿到××认证了。”皮经理瞪大眼睛确认。

“之前在沟通上有误会。他们说的8周是一个平均的测试时间，没有考虑做样品的时间，也没有找认证公司确认近期的真实排期。”小明心虚地说道。

“所以呀，小李和小明，你们看看今天这事儿。这是8周拿证没有问题吗？如果今天不开这个碰头会，××认证只会被无限拖延，因为你们谁都不清楚到底怎么回事。”

小李和小明自知理亏，低头不语。

皮经理接着说：“我们不怕有问题，就怕没有提前识别出问题，导致计划总是没有变化快。就算我们真的需要12周，而不是8周，我也能接受。我可以告知销售总监，请他采取适当的措施，或者提前通知客户以便达成谅解。同时，你们两个需要每天跟进此事，确保不会延误。当然，这个项目还有一次测试不过的风险，现在只能被识别出来，还没有办法解决。此事需要后续继续探讨，并考虑二次测试的备选方案，如适当改变材料的配方等。

“总之，非常感谢A供应商和××认证的代表参会，这次会议很有成效。体现为：

“(1)从测试费中节省了20万元；

“(2)主要问题都被识别出来并定义了相应的策略；

“(3)大致可行的时间计划也有了。

“接下来我会让小李和小明全力配合你们，如遇到无法推动的事项，请随时与我联系。”在会议的最后，皮经理做了如上总结。

在回公司的路上，皮经理语重心长地对小李和小明说：“在心理学中，有个现象叫作‘问题合理化’，是指当一个人遇到问题时，出于本能会逃避，他会想出相应的理由去证明发生这个问题是合理的，从而说服自己去接受问题而不是解决问题。但是在工作中，如果人人都这么想，就会出现问题发生了却没人解决的现象，因为每个人都在极力证明‘此事不归我管’。所以，你们要时时检讨自己是否出现了‘问题合理化’现象，比如认为是供应商的错，自己不需要承担责任；或者因为自己忙，就可以对问题视而不见。如果不能在一开始识别出风险，最后你只会到处救火，而且是没完没了的火。听懂了吗？”

“我们一定注意，克服困难，不把问题合理化。”经过皮经理的点拨，小李和小明又成长了一些。

“需要”与“想要”的区别

2019 年 2 月 19 日，星期二，冰雪尚未消融。

“如果不答应，我就不做了！”一家欧洲的供应商终于忍无可忍，向小明下达了最后通牒。

事情还要从头说起，天波公司的医疗器械设备需要采购一种控制单元，该单元安装在一个高亮的喷漆板上。由于该喷漆板属于外观件，在定义色差时，参考设备外壳的色差要求是 1.5，而研发工程师将喷漆板的色差定为 1，理由是该喷漆板的面积远远小于设备外壳，因此色差应该更加容易控制才对。

欧洲供应商在收到图纸后审图不细致，没有识别这个要求，结果样品的色差为 3，遭到质量部的拒收。经过研究，欧洲供应商发现，自己的喷漆工艺只能做到 2.5 的色差，如果天波公司坚持 1 的要求，那么供应商只能举手投降。而这个结果是天波公司不能承受的，因为这个部件很复杂，交期也很紧张，短时间内不可能找到可替代的供应商。

既然供应商把邮件发到了小明这里，小明便责无旁贷，立即邀请设计工程师与供应商召开电话会议沟通此事，以期达成共识。

“我想知道你们为什么要求1?”在简单的寒暄之后，供应商提出令他们深感疑惑的问题。

“因为外观漂亮是我们这个新产品的亮点之一，能够提高客户的满意度，给设备增加价值。我们在中国的外壳喷漆供应商都接受了1.5的色差要求，考虑喷漆板的面积很小，我认为你们能做到1。”研发工程师似乎逻辑严谨、句句在理。

“我查过航天标准，是2.5，也就是说，如果色差在2.5以内，人的肉眼是无法感知到颜色差别的。请问，1到底能给你们带来什么价值？为什么不能放到2.5呢?”很明显，供应商的着眼点在于“你到底需要什么，或者说终端客户到底需要什么”，而研发工程师的着眼点在于“自己想要什么，而且是想当然的”。

眼看讨论陷入僵局，小明不得不出来打个圆场：“项目时间紧急，我们应该尽快达成共识。我看这样吧，如果人眼无法察觉出差异，干脆把公差放到2.5?”

“我不理解，为什么国内的供应商能做到1.5，却要给欧洲的供应商把公差放到2.5？你能给我解释一下吗?”研发工程师喜欢钻牛角尖，不能轻易被说服。

小明听罢笑了笑，说：“你不能仅凭样品做判断，等着看国内供应商的量产表现吧。”

“你是说，量产会有问题?”研发工程师并没有信服。

“走着瞧吧。”小明神秘地一笑。

“我自己不能做决定，要请示领导后再告诉你们结果。”研发工程师始终小心翼翼。

在请示了研发部经理和项目经理之后，针对这块板，最终天波公司同意把色差放宽到 2.5，但前提是，如果肉眼能识别色差，还要收紧公差。项目也就按计划往下进行了。

事后小明总结，之所以会有这样的问题出现，是因为很多人把“想要”误认为“需要”，忽视了顾客的真正需求，而是想当然地认为应该要这样。或者出于自我保护的目的，不顾供应商的困难，要求购买最好的部件，导致产品成本过高、增值不足、性价比低下，甚至找不到能做的供应商等情况。

所以，当采购员收到研发部或其他部门提出的需求时，需要花时间仔细想一想，这到底是真实的需求，还是想象的需求。如果是后者，采购员应该主动提出降低要求，让公司看到采购员的价值。

如何赢得供应商的信任

2019 年 2 月 20 日，星期三，冰雪融化，道路泥泞。

“对不起，李先生，我司最终决定拒绝提供产品图纸。”供应商的总经理在电话那头是十分抱歉的语气，但话语却异常地坚决。

“我们只是要来存档，属于图纸管理的正当要求，你们为什么要拒绝呢?”小李不解。

“不好意思，我司是出于保密的考虑，防止你们把图纸给到别的供应商。”语气依然客气，但是供应商对甲方的不信任感已经显而易见。

“你们这个组装件没有什么技术门槛，如果真的要切换供应商，我们也不需要拿你们的图纸……”小李接着说。

“真的很抱歉，这是董事会的决定，我无能为力。”不等小李说完，供应商的总经理直接言明，已经再无讨论的必要了。

电话挂断后，小李很惆怅，不知道问题出在哪里，于是决定找皮经理聊聊。来到皮经理的办公室，正好看到皮经理和小明在商讨供应商关系管理的若干问题。小李便主动加入讨论，并把刚才的对话又讲了一遍。

“供应商没有必要这么做啊。”小明听完也十分疑惑。

“你把供应商总经理的电话给我，我了解一下情况。”皮经理其实很忙，并不愿意插手这些事情，但是此事如果让总经理知道，定会怪罪采购部办事不力，供应商的关系没有维护好，所以只能亲自出面。

一番对话之后，皮经理面有怒色，向小李发问:“你之前做过一次谈判，让供应商把单价从 8 万元降到 6 万元，你是怎么谈的?”

“我说有另一家供应商也参与竞争，报了 6 万元，样品还通过了我们的认证。”小李一五一十地回答。

“问题是，为什么供应商知道了另一家的情况呢?”皮经理继续发问。

“这是因为我们前一阵子要做包装测试，供应商手里又没有样品，为了追赶项目进度，我只好把另一家的样品发到供应商那里，让他们打包装送去测试。”

“这就对了，供应商的总经理刚才对我说，他们把另一家的部件拆开了，发现里面用的都是便宜货，跟他们的品质根本没法比，所以非常气愤，觉得天波公司是一家没有信誉的公司，很后悔当初答应降价。”皮经理说。

“我就是要让他们知道我们随时可以切换供应商，这笔账我记着，将来还要继续压价。”小李愤愤地说。

“你也太把自己当回事了吧。**供应商愿意跟我们长期合作的前提是互信互惠，愿意薄利多销的前提是我们拥有良好的信用背书。**现在你让供应商觉得天波公司是一家不讲信用、不考虑供应商利益，甚至欺骗供应商的公司，你说供应商还愿意继续做下去吗？退一步讲，切换供应商就那么容易吗？如果我们只看价格，不顾质量，我们的产品价值只会越来越低，问题越来越多。如果采购成本下降换来的是市场份额的丧失和利润率的下降，我宁可选择价值也不选择价格。你听懂了吗?”看着小李还是一副似懂非懂的样子，皮经理真的很生气。

没办法，既然指望不上小李，皮经理只能转头对小明说：“事已至此，你去跟供应商的总经理谈一个排他供货协议吧，为期三年，要不他们肯定不会提交图纸。”

一个星期过去，小明把新的排他供货协议送到皮经理面前，请求签字。看到这份协议，皮经理的脑海中立即浮现出六个字——根本没有必要。如果小李能够在一开始就在新供应商面前树立正面的商务形象，懂得诚信共赢的道理，而不是不顾质量优劣，自作主张，一味压低价格，事情就不会发展到这个地步。

看到皮经理心烦意乱，小明连忙安慰：“事已至此，希望小李能够充分吸取教训，以后做好供应商关系管理。”

“那就看他接下来的表现吧。”皮经理无可奈何地说。

没有预测，供应商如何报价

2019 年 2 月 22 日，星期五，天寒地冻。

下午，项目管理会后，项目经理要求负责项目采购的小明留一下。

“你们新来的小静是怎么回事？连报价都不会？你给她培训一下。”

“怎么回事？”小明很疑惑。

“你看看邮件！”项目经理气愤地说。

小明赶紧在未读邮件中找到这样一封邮件，内容是医疗设备上的一个控制装置新增一款配置，要求小静询价，但是小静说供应商需要拿到年预测量才能报价，于是设计工程师把邮件转发给项目经理询问年预测量，而项目经理又转给小明。

“我觉得这个问题很正常啊？如果不给预测量，供应商按照一台来报价，岂不是很高吗？”小明没有想到有何不妥。

“但这是一个新增配置，谁知道年度销量会有多少呢？”项目经理反问。

“哦，对，我把这一层给忘了。那我想一想怎么办。”小明回道。

“总之，你们采购部要动动脑筋，加强解决问题的能力，不能什么问题都推给项目。”项目经理很善于施压。

离开会议室之后，小明把小静找来，说明此事。

“我也理解项目的难处，但是总不能让供应商报出一个十分保守的价格吧，这对我们很不利。”小静提醒的是。

“你想的很对。”看来小静是很专业的，小明心想。问题是，接下来该怎么办呢？

正在此时，小明突然想到，既然项目无法解决此事，就得依赖供应商的智慧，因为供应商最了解批量与价格的关系。

“那么，让供应商告诉我们经济批量怎么样？可否报一个阶梯价给我们做选择？比如最小起订量是 1 个、10 个或 20 个。有了这个阶梯报价，我可以拿给项目经理，经过讨论做决定，总比什么都没有来得强吧。”

小静连忙点头，说：“这真是一个好办法，而且无论结果如何，采购部都不用承担价格买贵了或者数量买多了的风险，因为这是与项目经理共同决定的结果。”

“那就这么办，等着供应商的报价了。”

“没问题。”

很快，项目经理便选择了最小起订量为 10 件的中间价格，这个控制装置的报价工作也就圆满完成了。

通过这件事情，小明的感悟是：

(1)在项目中，总会发生这样或那样无法通过常规方法解决的问题，这个时候所有人都要以目标为导向，开动脑筋，才能想到合适的方法；

(2)永远不能忽视供应商的智慧，要与供应商一起商讨对策，为项目提供最佳的解决方案。

不愿供货的供应商

2019 年 2 月 25 日，星期一，寒风刺骨。

眼瞅还有一个月，项目就要进入量产期。在今天的项目报告会上，一家供应商的交货计划格外刺眼。

“下个月只能交一件。”小明说。

“是因为产能不够吗？一个月做一件，那我们这个项目不用卖了。”项目经理对这个计划很不满意。

“不是产能问题。供应商说过，他们的产能一个月交十件都可以。可能是需要时间爬坡。”小明猜想。

“需要多久，爬什么坡？是原材料不够需要等，还是工装没有完成？”项目经理追问。

“我没有问这么细，需要赶紧澄清一下。”

“尽快。”

会后，小明首先找到下订单的计划员了解情况。

“供应商就是这么回复的，所以我把订单延后了。”计划员非常老实。

“问题是，项目不能接受这个计划，我们需要推动供应商交付。”看着计划员一副为难的表情，小明动了一下脑筋，接着说：“这样吧，我找负责这个件的采购员小李问问情况，然后我们三个一起与供应商开会讨论一下，你看行不？”

“好的，没问题。”

来到小李的座位旁，小明轻声问：“忙吗？有空？”

“有空！“小李倒挺热情。

“那个供应商为什么不能多交呢？”小明开门见山地问。

小李一脸神秘，小声地说：“他们怕我们不要了。”

“怎么可能？订单受法律保护，不能甲方说不要就不要了，他们怎么会有这个顾虑？而且市场部已经接到 5 个订单，我们计划的安全库存是 6 个，合计 11

个。他们下个月只交一个，杯水车薪。”

“那我再跟他们谈谈吧。”小李道。

小明心想，小李如果能谈下来，还要等到今天？于是说：“你下班前约个电话会议吧，约上计划员、你、我和供应商，免得来回传话。”

“没问题。”

一个小时后，会议开始了。

在说明项目的 11 套需求后，小明质问供应商：“你们的产能到底差在哪里？是原材料不够？”

“我们担心生产出来后，你们不要了。”

“我就没有理解，拿着订单怎么会有这种想法呢？”小明追问。

“你们之前那个机型，下了 5 件的订单，一年多都没有提货。”供应商说。

“是我下的。”计划员很不好意思地说。

“原来如此。但是从产品生命周期的角度来看，那个机型分分钟都可能退市，你的五件只能当成备件用，自然提得慢。但是这个机型是新品上市，市场部在做大力推广，公司投入了很多研发经费，怎么可能卖不动呢？我的判断是，市场会有一个爬坡期，而绝不会出现上个机型的问题。”小明解释原因。

“那我明白了，这对我们是利好。”供应商很机灵。

“对。我们先来说这 11 件的供货问题，下个月交付的底线是 3 件，再下个月交 8 件，没有问题吧？”小李趁机说道。

“我们肯定会多交，但是现在无法答复你，我需要逼迫生产部增产，明天答复，行吗？”供应商说。

“没问题！”

第二天上午，供应商发来邮件，内容是“下个月交 3 件，再下个月再交 3 件，之后按订单交付。”

“太好了”，小明心花怒放，欣慰于市场上的5件的订单可以如期交付了，还会有1件安全库存。虽然计划员需要备6件安全库存而不是1件，但是聊胜于无，而且供应商后续会按照订单交付，安全库存也会随之建立起来。

通过这件事情，小明反思：

(1)很多时候不是供应商做不到，而是采购员与计划员过早让步，牺牲了项目目标；

(2)虽然事事参与不是好现象，但是作为项目采购，不能光听采购员的汇报。对于令项目不满的情况，项目采购员要主动参与，找到解决方法，这样才能更有担当。

切忌病急乱投医

2019年3月1日，星期五，多云，无风。

眼看项目在一个月后就要进入量产阶段，但是小明负责的一个铝压铸件却迟迟达不到量产条件。当然，这也不能怪罪小明，因为这个件的特殊之处在于，除了装配精度、散热和耐腐蚀要求之外，还有表面平整度的要求。因为它有一个面会漏在设备外面，设计师要求机加成镜面，不允许有任何水波纹。

在选择供应商时，依照惯例，小明选择了价格最低且长期合作的老供应商。这家供应商的服务一向很好，供应表现也过得去，当然，最主要的决定因素始终是价格。

可能是因为对外观要求的难度估计不足，直到送样阶段，天波公司才发现外观平整度根本达不到要求，因为有凹坑。凹坑的出现是因为在熔融和成型的过程中，铝材纯度不够，内部容易有气泡。虽然从表面上看不出来，但是在对表面机加之后就会暴露出来。

问题发生后，供应商一直在调整压铸的工艺参数，希望能够解决问题。但是直到项目接近量产期，合格率只能达到 20%。考虑到进入量产后将要遭受的巨大损失，供应商提出涨价 3 倍的要求，否则就不做了。

这是一个典型的采购事故。它是在选定供应商前，双方没有进行充分的可行性论证造成的。天波公司与供应商都有责任，但是在这个时候，去争辩谁是谁非解决不了任何问题。当然，天波公司是绝不可能同意供应商的涨价要求的。

面对供应商的不断施压，天波公司内部出现了两个派系，一个是以项目部、质量部、生产部等众多部门组成的“切换派”，强烈要求切换供应商；另一个是以采购部和设计部组成的“合作派”，认为当前已经没有时间和资源再开发一家新供应商了，而且也没有哪家供应商能够承诺解决这个问题，完全都是“试试看”的态度。与其分散资源做无用功，倒不如集中资源与供应商一起解决问题。

“多一家供应商就多一份保障，你们采购部怎么总是把鸡蛋放在一个篮子里。”制造部经理抱怨道。

“往往一家供应商遇到的问题，在另一家也会遇到。表面上看这是供应商的工艺能力问题，实际上是设计要求远大于工艺能力的问题。”采购部皮经理立即回应。

“我只是提一个建议，想要帮助你。如果不听，我就不再说了。”生产部经理摇摇头，完全听不进去皮经理的主张。参会者的意见基本是一边倒，都倾向于切换供应商。皮经理不禁暗自感叹，这帮人对供应商管理都是外行啊。

“我会牵头处理此事，明天就飞到供应商那里。”皮经理表态。

“影响量产，提头来见。”坐在会议桌尽头的总经理，此时也放狠话了。

“你们是专家，我想听听有什么办法提升良率呢？”第二天在与供应商开会时，皮经理客客气气地提问。

“现在最主要的问题就是凹坑，通过电镀可以补救，但问题是当初报价的时候，我们没有考虑到这个费用。你要知道，电镀费比零部件的价格还高，所以我们要求涨价。”供应商答。

所以啊，有问题还是要到供应商那面谈，坐在办公室里都是在纸上谈兵，皮经理暗自庆幸自己做出了正确的决定。

“所以，其实量产的产能是可以达到的，只是成本太高，对吗？”皮经理再次确认。

“是的，我们不可能干一个赔一个。”供应商为难道。

“稍等，我给销售部打一个电话问问可否转嫁给客户。”皮经理道。

十几分钟后，皮经理回到办公室，一脸凝重。“客户不接受，因为签了合同，而且为了这一件事，破坏天波公司的信誉也得不偿失。”皮经理回道。

“那该怎么办呢？”供应商绝不会善罢甘休。

“现在还有几个新项目在招标？”皮经理向同来的小明询问。

“有两个新项目，体量比这个项目大很多。”小明答道。

听闻此言，皮经理立即把脸转向供应商，笑着说：“我按照预算价格直接给你这两个项目，不走招标和供应商评比流程。作为交换条件，这个项目的价格维持不变，行不行？”

“那当然好，我的损失也能弥补回来。”供应商立即露出了满意的笑容。刹那间，皮经理的脑海中闪现了七个字：买的没有卖的精！看来，在一番折腾之后，供应商又一次笑到了最后，而皮经理和小明也可以圆满地交差了。

通过这件事情，小明领悟到，当出现采购事故时，公司往往要求采购员另寻供应商，而采购员在没有十足把握的情况下，不要轻易切换供应商，而是应该集中资源，与现有供应商一起想办法解决问题。切忌病急乱投医！

小明的猜想

2019 年 3 月 7 日，星期四，刮风。

这几天，皮经理的心情糟糕到极点。眼看着还有一个月，项目就要进入量产，但是事先未能识别出的问题频繁爆出，使得总经理对采购部极其不信任，当然也会威胁到皮经理的位置。

“我要求你明天就拿出解决方案！”临下班时，皮经理电告小明，必须考虑所有可能出现的情况，拿出完整的解决方案！

这是一个喷漆不合格的问题，之前的供应商多次送样，都因表面的脏点数量超出了图纸的要求而被拒收。看到天波公司的设计人员不同意放宽要求，原供应商则通知说，自己已经尽力了，如果实在无法达到要求，自己就不做了。

具体负责这个件的采购是小王。小王刚来公司不久。小王立即联系了一家自己熟悉的新供应商报价，要比原供应商贵10%。新供应商承诺能够按照图纸要求做出合格品，因为他们是做喷粉而不是喷漆，表面的效果会更好一些。考虑到马上就要进入量产，采购部的当务之急是确保供应，于是皮经理和小明都同意了这个方案，并向总经理和项目经理分别做了汇报，声称问题马上得到解决。但是人算不如天算，就在上周五，新供应商喷出的样品不但仍有脏点，而且还有凹坑，这是新问题。也就是说，新供应商的喷粉效果还不及老供应商的喷漆效果。

问题如何解决？新供应商说只能再多喷几个样品试一试，这次皮经理和小明都不能接受。因为这叫“try and error”，就是见招拆招，根本就不靠谱。眼看事情变得更糟，小王却推卸责任说，一切问题都是供应商的，跟自己没有关系。眼瞅着采购部要被“打脸”，皮经理只能把压力都放在小明身上，希望细心的小明拿出一个可行的解决方案。

“可是，我一直都是在办公室里接收小王给我的“二手”消息，从来没有去过现场，也没有人给过我可行性分析报告，对新供应商也不了解，怎么能拿得出可行的解决方案呢?”小明感到很委屈，第一次跟皮经理争辩。

“再找几家试试啊?”此时的皮经理，就如同影片《帝国的陷落》中的希特勒，开始不切实际的幻想，甚至歇斯底里。

“那不还是试错吗?”小明反问。

“这总比没有方案强！你知不知道，总经理随时会让我提交报告。”看来，皮经理已经没有退路了。

“我明白了。但我要求此事全权交给我主导，小王辅助，我要对整个事情做调查。之后我会给您一个切实可行的解决方案，而且在一个月内就能解决问题。”小明突然变得信心十足，这让皮经理有些诧异，但事已至此不便多问，只能答应小明的要求。

其实，小明之所以信心十足，是因为他有一个好朋友是喷漆方面的专家。小明之前就跟朋友讨论过这个案子，朋友说喷漆和喷粉的表观效果是没有区别的，只是喷粉更环保一些，这间接驳斥了小王和他开发的新供应商的说法，即喷粉的效果更好。但那时毕竟没有喷出样品，小明也不确定谁说得对，也就没有提出这个问题，但是现在看来，他的朋友是对的。

在与皮经理通话之后，小王立即拨打设计师小张的电话：“小张，聊十分钟，有空吗?”

“可以啊。”小张是个“90后”，东北人，别看年纪不大，做事自信心十足，很有主见。

“喷粉的样品出来了，效果不行。我想了解一下，当初我们的外观标准是怎么定的？在概念设计阶段，我们找公司附近的模型厂做的样品，人家喷的效果特别好，比这几次来的明显要好很多。当时颜色、色差及其他外观要求，都是根据模型厂提供的样品制定的。这件事我跟小王说过。”小张如实说。

“模型厂的样品有质检报告吗？我需要拿来跟现在的比对一下。”小明听后问道。

“我们没要。”

“没关系，我来联系模型厂，非常感谢。”说罢，小明立即挂断电话，又拨通了模型厂老板的电话。

“吴总啊，我是小明，好久没联系了，还好吗？有空讲两句?”毕竟有一段时间没有打交道，小明先热一下场。

“我有空的。”吴总很热情。

“去年你喷漆的几块大铝板，还记得吗？有出厂检验报告吗？”

“我们没有那个。”吴总老实说道。

“哦。实话实话，我们发现在南方找的几家很正规的生产商，喷出来的效果不如你们。我想了解一下为什么？”小明也如实说道。

“这跟喷漆师傅的手艺有关系。你知道我们是干模型和样件的，很多客户都是拿来参展用的，他们会用放大镜来找脏点、看色差，所以我们的喷漆师傅会特别小心，做到一次性喷好。做量产的工厂，做出来的东西肯定赶不上我们。”吴总回答。

调查至此，小明终于明白问题出在哪了。原来设计部是用“工艺品”的标准去要求“工业品”，这样的话，再找三家或五家都是白费力气。

第二天，小明立即向皮经理汇报此事，并要求机加厂把完成品发到模型厂喷漆，这样虽然价格更贵一些，也就达到图纸的要求了。

但是，对于此事，小明心中有几个疑问，考虑了很久，还是决定要说给皮经理听。它们分别是：

(1)当小王说新供应商通过喷粉能解决问题时，供应商质量工程师在干什么？

(2)设计师(小张)之前告知过小王，最初的样品是由模型厂喷的，可以把它作为备选供应商，为什么小王当耳旁风忽略掉了？

(3)小王以新供应商的能力强为由，强行推动从老供应商到新供应商的切换，他背后的目的到底是什么？

“是否需要我追查？”小明认为这其中既有管理问题，又有合规问题。

“既然事情已经解决了，就不要浪费时间干这些事情了。”皮经理的脸色红一块白一块的，赶紧让小明打住。

离开皮经理的办公室之后，小明更加疑惑了。皮经理一向一丝不苟，眼里揉不进沙子。怎么出了这么大的采购事故，却不想一想以后如何规避？难不成他有什么难言之隐？小王到底是怎么想的，小王与新供应商之间到底是一种什么样的关系？为什么供应商质量工程师是一副与已无关的样子？

这一切的一切，只能通过故事的发展一一得到解答。

如何加快项目进度

2019 年 3 月 12 日，星期二，小雨。

“解决方案都搞清楚了吗？”距离量产只有一个月的时间，负责项目采购的小明，针对供应商无法解决的工艺问题，邀请负责该供应商的采购员小王商讨对策。归纳起来，无非有三种对策：

(1)与现有供应商 A 继续研究改善方案(最佳选择，上策)；

(2)开发备选供应商 B，并要求其制作样品(无奈之举，中策)；

(3)实在没有办法，说服研发降低标准(缴械投降，下策)。

“现在每一天都非常宝贵，我们必须行动起来。”听罢小明的话，小王点头表示赞同。

“小王，你能让供应商 A 提交样品检测报告和改善报告吗？我们据此决定是否启用供应商 B。”小明问道。

“我知道了。”小王答道。

“务必明天。”小明补充道。

第二天上午，小明眼巴巴地看着小王忙东忙西，就是只字不提样品检测报告的事，这可把小明急坏了，碍于同事的情面，还不好意思催促。一直等到下班，看到小王拎包要走，小明实在忍不住了，赶紧询问情况。

“今天皮经理让我查一些备件的价格，所以我还没有来得及问。”小王若无其事地说。

“皮经理要得急吗?”

“没说什么时候要。但毕竟是经理要求的嘛。”小王满是借口。

望着小王离去的背影，小明心里满是失落。每一位采购员都在做自己的工作，都没有错，但是项目的时间就这样白白浪费了。这既是一个公司体制的问题，又是一个公司文化的问题。如果每个人只是做好自己的那一摊，其结果就是公司最重要的项目节点一拖再拖，而没有人需要对此负责。这是很多公司项目管理的通病，也是公司设置项目采购这一重要岗位的原因。

“我要找皮经理谈一谈，否则项目会有灭顶之灾，”小明心想。

“那么，你想怎么办呢?”在小明表明来意之后，皮经理反问道。

“我想介入并主导，小王由主导变为辅助，否则我只是在办公室里接收‘二手’信息，时间都被耽误了。”小明如是说。

“很好。其实从领导力的角度来看，想要做成一件事情，无非就是让别人靠近你，或是让自己靠近别人。现在这种情况，小王不会考虑你的要求，那么只能由你亲自来做。我同意。”

第二天一早，小明主动向小王打招呼，并索要供应商 A 的联系方式。

“你想干什么？能跟我说说吗？”小王警觉地问。

“我要去拜访供应商，沟通一下近期的问题和后续的改善方案，以及量产前的准备。”小明如实道。

“那我需要做什么？”小王有些着急。

“你把商务部分做好就行了。”小明道。

“谁允许你这么做的？”小王不解，甚至有些生气。

“这是我和皮经理商量的结果，帮你减轻负担。”

毕竟小王不是三岁小孩，知道这背后的意思。虽然心里很不舒服，但还是把供应商 A 的联系方式交给了小明。

“您好，赵工，我是天波公司负责项目采购的小明。明天上午可否拜访您一下，2 个小时左右？”

“非常欢迎。”对方答道。

“另外我想问一下，样品的制作情况如何？”

“两个样品上周五就做好了，略微超差，通知小王了，但小王没有进一步的指示，所以就在我们这里放着。”赵工如实道。

“什么？这岂不是白白浪费了五天（含周六周日）？”小明气得浑身发抖。心想，这个小王太耽误我的事了，如果自己不直接联系供应商，这里面永远是个黑匣子。

“我会给您发封邮件，把样品明天就寄过来，附上检测报告。可以做到吗？”小明问。

“没问题。”

看到供应商 A 的合作意愿很高，小明舒了一口气，这家供应商并不像小王之前描述得那么不靠谱、那么难搞。

周三上午，小明来到供应商A处面谈。

“既然样品略微超差，你们还有信心吗？”小明故意试探供应商的态度。

“我们的制程非常稳定，一般第一件样品就是最不好做的，以后会越做越好。如果你们允许，我打算再做一批样品，周五就能完成，会看到改善。”供应商蛮有信心。

“你们发现问题出在哪了吗？改善方法是什么？”小明十分谨慎小心。

“我们发现板材的含水量较高，导致轻微变形，贴片就不牢靠了。我们会把烘烤时间增加三倍。另外，我们之前的三坐标测量方法有问题，会把局部尺寸放大，导致超差，这个还不知道怎么解决。”供应商实话实说。

“我请公司的检测部跟你对接，看看这个件怎么检合理。”小明答道。

“那太谢谢了。”

回到公司后，小明询问检测部的老员工。老员工回答事情不难，可以帮忙调整方法，扩大测量间距。问题很快得到解决。

最后，供应商A在周五做出的样品终于合格，一个卡项目脖子的难题也就迎刃而解了。

这件事情让小明领悟到，很多问题并不像别人说得那么难，而是人的能力和态度出了问题。企业如果任用我行我素、自以为是、消极怠工或逻辑不清的人做采购，其结果就是问题得到夸大，时间被白白浪费，最后耽误了公司的前程。这就需要优秀的项目采购介入，为项目节省时间。

如果在新产品导入的过程中，公司连项目采购这个岗位都没有，而是各部门各自为战，那就等着瞧好儿吧。

解决问题，从沟通开始

2019年3月15日，星期五，天晴。

最近，小明发现自己处于到处救火的状态。

“虽然很勤劳，但是不出活。”这是他对自己的评价。

其中的原因很难用一句话讲得通。例如，在还有一个月就要量产的时候，研发部突然发布一个设计变更，新的样品至少需要两个月才能达交。

“你给我每天汇报一次进度。”这个交期显然突破了项目经理可以接受的心理底线，于是愤怒地把问题甩给小明，并要求小明天天汇报进度。

“有用吗？你和我都不是干活的。”小明心里很不高兴，故意顶撞项目经理。

“如果有哪个人不干活，我们可以向总经理升级问题。”项目经理振振有词。

“料都没到，怎么干活？而且设计部的图纸下发地那么晚……”在小明的强势应对之下，项目经理的态度也渐渐软化下来。

回到座位，小明又要面对个别“傻白甜”的采购员。“你给钣金厂和喷漆厂分别下发了样品订单？”有一个喷漆加工件，因为表面要求很高，钣金厂找不到接单的喷漆厂，举手不做了。这样只能由采购员以天波公司的名义开发一家喷漆厂。但是钣金厂拒绝管理这家喷漆厂，造成这个喷漆加工件没有一个下订单的主体。

“我们总不能让一个零部件对应两家供应商吧？”小明今天的心情很差，讲话也不客气。

“不知道了。”这位采购员的大脑已经关闭了。

“这样吧，你和我一起找钣金厂的总经理谈谈，答应他们不用管理喷漆厂的要求，但是他们需要成为合同里的乙方，喷漆费用从他们走账，否则订单、收货和付款在系统里都走不通。”小明无奈道。

很快，一场简短的电话会议开始了。

“小明，你的意思我听懂了。但是我有一个提议，你来考虑一下。”供应商的总经理姓徐，与小明略有交情。

不会是变相地说“不”吧，小明担心，但还是礼貌地回应：“徐总，请讲。”

“小明你看，从供应链的角度来看，这个部件是在喷漆之后完成包装和发运。如果以我们公司为主体，供应链管理的链条如下：天波公司下订单—我司制作钣金件—发往喷漆厂—发往我司终检—我司发往天波。而如果以喷漆厂为主体，供应链管理的链条如下：天波公司下订单给喷漆厂—喷漆厂从我司购买钣金件—喷漆厂喷漆、终检、发运。这节省了再发往我司做终检的环节，既节约了人力物力，又规避了磕碰的风险。”徐总耐心讲解。

“好主意。徐总，也就是说，你们同意成为喷漆厂的二供？要知道，你们以前可一直是一供。”小明之所以事先没有想到这一点，是因为他以为钣金厂会争做一供，没想到徐总这么高风亮节。

“我们愿意从整体利益出发，把供应链搞好，为天波公司提供最满意的服务。”徐总的话打动了小明。

“太好了，之前我还担心供应商关系会出问题，这样就好处理了。感谢徐总。”

“好说！”

之后，小明拨通了喷漆厂的电话，明言只需要他们负责给钣金厂下订单和做来料检验即可，喷漆厂自然爽快地答应成为一供。一个采购员不知道怎么解决的难题在两通电话之后搞定了。

“遇到难题，我们要给供应商机会，倾听供应商的建议，问题有时自然就能得到解决。最忌讳的就是模仿把头插入沙漠里的鸵鸟，不做有效沟通，最终耽误了整个项目的进度。”在周二的例会上，小明对这件事情是这样总结的。

这个采购不讲“武德”

2019 年 3 月 20 日，星期三，春风拂面。

春天，是一个令人感慨万分的季节。老人已经习惯了季节变迁，懂得欣赏春天的多彩；孩子好奇地问叶子为什么会长出新芽；而小明只是觉得春天过后，闷热的夏天就要到来，于是心情便不大好了。

这时，在办公室里，坐在小明对面的采购员小王突然笑了起来。

原来是小王新开发的那家喷漆供应商，虽然有一个产品的样件通过检查，但却突然发出通知：如果喷漆的毛坯不给他家做，便不接喷漆活。

小王一点没有觉得这与自己的供应商管理能力不足有关，只是轻描淡写地把问题抛给小明，还补上一句：“你说供应商乱不乱啊？”

听闻此事，小明陷入了沉思，经过几次与小王的接触，他已经彻底对这个人失去了信心，只能依靠自己的力量来解决问题。

“为什么会发生这种情况?”小明忍不住问小王。

“供应商前期只是说想要毛坯业务，也没有说不给就不喷漆。”看来，小王只会找借口，一味地把问题推出去。

“你知道下一步该怎么办吗?”接着，小王居然反客为主，开始质问小明。

小明把小王看得透透的，虽然心里恨得要死，但是碍于同事情面，只好客气地说:“不是所有问题都有解决办法，我们的职责是尽早识别和举手，你已经尽力了。”

“哈哈哈，我只是觉得他们好乱。”小王还没有意识到这个问题是自己的沟通能力差、工作不专业造成的。

在接下来的几天里，小明向对口供应商的质量工程师详细了解这个喷漆件的情况。原来，虽然在系统里看这是一个料号，但是它是由四个件组成的。在这家新供应商试喷之前，有一家老供应商交过三次样件，但结果都是不合格。质量工程师解释说，其实在这四个喷漆件里，有两个一直都是合格的，另外两个比较难做，老供应商一直都没有喷成。

“小王知道吗?”小明很奇怪，小王从未提过这个细节。

“我给小王发过邮件，但是他从来没有回复。”

小明又查看了这四个喷漆件的价格，其中老供应商能够喷好的，是价格最高的两件。而老供应商喷漆一直有问题的那两件，小明可以找首板厂来做(就是之前的那家模型厂)，虽然首板厂的喷漆价格要高 2～3 倍，但是对总体价格影响较小。

“那么问题就简单了，把这个件拆开。两件贵的由老供应商喷漆，两件便宜的给首板厂，这样做就能满足下个月的量产要求。你认为呢?”调查事情真相后，小明耐着性子跟小王商量。

“我不同意把这个件拆开，多管一家供应商就多一份麻烦。”小王把自己毫无逻辑、蛮横无理、只图方便的缺点暴露无遗。

“那么眼前的问题怎么解决呢？你要知道，皮经理可是一直盯着这件事。”迫于无奈，小明只能把皮经理搬出来。

“你想用你的供应商，那你自己联系就好，何必麻烦我呢？这件事跟我没有关系。”看来，在小王的世界里，只有利益，没有道德，更没有责任心。

“有你这句话我就放心了。我会处理好。”其实小明的身份是项目采购工程师，根本就不直接管理任何供应商，但是对于小王这种自私自利、不讲道德的人，多说无益。

很快，小明便协调好了两家供应商，问题也便解决了。而小王可以一直这样我行我素、无法无天吗？等待他的又将是什么呢？

细节决定成败

2019 年 3 月 25 日，星期一，天气晴朗，微风拂面。

随着挡在项目前面的问题被一个一个地解决掉，小明很有成就感，甚至飘飘然起来。恰在此时，一个认证挡在了项目的前面，这或许是量产前的最后一道坎了。之所以突然出现这个问题，是因为法规管理人员在解读法规要求时，认为这个认证是可选项，没有放到项目计划中。但是根据年初新发布的医疗器械法规，它变成必选项，才把要求紧急传递到采购部。

没有什么可说的，要求供应商做测试吧。小明把这件事情想得很简单。

供应商没有抱怨什么，只是说一切费用需要天波公司承担，这在小明眼里天经地义，但是皮经理却不这么想。

“这个认证可能不只我们的产品需要吧，现在新规出来后，对所有产品的要求都一样。也就是说，即使我们不做，供应商别的客户、别的产品也需要做。那么，我们为什么不能跟供应商一起分摊认证费用呢？”皮经理善意地提醒，可小明认为皮经理是多虑的。

“供应商没有提过别家有需要，而且我们又催得急，还是尽快达成协议比较好。”小明太心急。

“你有他们的测试申请表吗？给我看看。”皮经理还是非常谨慎小心的。

“这是一张很简单的表格，内容无非就是认证的主体是谁，认证的范围是什么等信息。”小明将表格找出递给皮经理。

“对方为什么要做 3 mm 至 6 mm 厚度的样品呢？我们的要求可是 4 mm＋（－1） mm，也就是 3 mm 至 5 mm 厚。”皮经理问。

小明也觉得奇怪，因为天波公司明确要求测 3 mm 至 5 mm 厚的。于是小明拨通供应商的销售经理的电话询问缘由。

供应商的销售经理回答：“毕竟是手工做的产品，有可能超差，所以我们加了 1 mm 的厚度，而且越厚越容易通过测试。”

小明觉得这种说法很有道理，但是皮经理不这么认为。“如果图纸上要求是 4 mm＋（－1） mm，你们的产品就必须做到；如果做不到，就要修改图纸的要求，绝无接受大于 5 mm 厚度的可能。我现在就代表天波公司决定，必须测

5 mm 的样品。”在与供应商销售员的通话中，皮经理当机立断，直接做出决策。

“稍等，我们内部研究一下再答复你。”

“要多久？”

“半个小时。”

过了一会儿，小明和皮经理同时收到供应商的邮件，声明还有别的客户需要这个认证，考虑到所有产品的厚度，供应商会按照 3 mm 至 6 mm 去做测试，这样就不需要天波支付费用，供应商将自行承担费用。

看到这个回复，小明对皮经理佩服得五体投地。

“我之前真的没有想到会有这种结果，一下子给公司节省了十多万元。”小明称赞道。

“这就是企业对项目采购的期待，不光要完成项目交代的任务，还要心细如麻，敢于挑战供应商，要紧紧抓住模糊不清的疑点，才会有意外的收获。”皮经理对小明谆谆教导。

“经理，您在我的眼里就是神！绝对不是拍马屁。”小明崇拜地说。

“只是这次猜中了而已，不必大惊小怪。这个项目能走到现在，你有很大的功劳，我很佩服你年纪轻轻就能做出这么多的贡献，比很多老员工都要强。”皮经理也很欣赏小明。

通过这件事情，小明领悟到“细节决定成败”绝对不是一句空话。

高手之间过招，往往一个纰漏被对手抓住就会满盘皆输。对于项目采购员来说，如果对待工作粗心大意，很多创造价值的机会便会在不经意间溜走。所以，项目采购一定要做到胆大心细，才能惊为天人。

沟通能力的重要性

2019年3月27日，星期三，草长莺飞。

按照计划，新产品还有两个星期就要上市。围绕着色差值怎么测的会议已经开了三轮，但是供应商与天波公司的设计师和质量工程师仍然无法达成共识，这导致项目有逾期的风险。

负责项目采购的小明之前的注意力都不在这里，以为他们可以很快达成一致，但是看到连续三周都没有进展，只能亲自介入，了解情况。

很快，天波公司的质量工程师给小明发了一封与供应商沟通的邮件，以体现问题的所在。

××先生，

您好！

关于色差的测量方法问题，我想我们有不同的理解。

虽然你的LAB值来自调漆厂，是正确的做法，但是不同的软件有可能算出来不同的LAB值，而且不同的色差仪的误差也不相同，可能会导致结果不准确。因此我建议使用K7色卡作为基准，再去测量实际产品的误差。

供应商回复：

××先生，

您好！

K7色卡是打印出来的，而不是喷漆的。所以你的建议并不符合国际通用的做法，我们还是建议按照国际通用做法。

质量工程师回复：

对不起，我要坚持我的做法，不能同意你的提议。

双方各不相让，事情就这样陷入僵局。

读到这里，小明立即找来质量工程师面谈。

“我个人觉得供应商说的国际做法挺合理的啊！”小明抛出自己的观点。

“现在涉及五家供应商而不是一家。其中，四家供应商已经按照我说的做法执行了，样品也通过了。如果我们同意这家供应商的要求，那么这五家供应商的检测标准就不一样了。”质量工程师解释道。

“但是在邮件里你并没有传达出这个原因，供应商还觉得是你主观不同意。”

“我的意思很清楚啊，就是不可行。”

“但是别人会误会，以为是你主观认为的不行。”

“好吧。我一直觉得自己表达的挺清楚的。”

“这样吧，我替你回个邮件，你看我是怎么写的。”

“行吧。”

很快，质量工程师和供应商就收到了这样一封邮件：

感谢二位大力推进项目！

经过调查，我发现贵司与其余四家供应商的色差测量方法不同。

其中，其余四家的调漆方法与贵司一致，但是在初调之后，他们会比对 K7 色板再次微调。在喷漆之后，会用色差仪以 K7 色板为基准测色差。这种做法虽然不够国际化，但确是国内通用的做法。

考虑到项目的进度和改变四家供应商所需要的努力，贵司是否也可以按照这个做法测色差呢？

盼回复。

很快，供应商回复，理解了天波公司的想法和项目的难处，愿意配合，前提是由质量工程师制作测试说明书，他们照做。

“可是，不同供应商的色差仪的精度不同啊。”质量工程师还是没有抓住问题的重点。

“既然你已经接受了前四家供应商的测试结果，那就列个可信赖色差仪的清单呗。”这道逻辑题到底怎么解，小明很清楚。

“行，我知道怎么做了。”质量工程师点点头。

就这样，通过以下四个沟通要点，小明让供应商充分理解现状，推动了项目的进展。它们分别是：

(1)不要一次说出所有的问题，只说核心或重点问题，并且一次只说一个；

(2)对事不对人，不要说“我认为或者我觉得”，而是要让事实说话；

(3)要足够尊重对方，不要伤及面子；

(4)写邮件讨论问题时，一定要用“总分总”的形式，即直接抛出观点，证明观点，再总结观点，才能让对方充分理解并被说服。

过程不对、方法不灵

2019 年 4 月 1 日，星期一，愚人节，寒流来袭。

昨天还是阳关普照，今天太阳却没有一点慷慨的意思，在下午 3 点半就偷偷地溜走了。为了节约能源，天波公司的中央空调开得很小。虽然控制面板显示着 20 度，但实际的室温也就十七八度。靠窗的员工只能穿上厚厚的棉衣，有的还直打喷嚏。

但是在会议室里，气氛却异常紧张，没有人感到寒冷，因为皮经理在发火。

“为什么在项目的最后时刻，突然发现供应商有质量问题？”皮经理的怒气如喷涌的火山迸发。

“小明，你说这已经是第几家供应商了？第几次了？”作为负责项目的采购，皮经理认为小明应该对此事负责。

“但是供应商并不认为是自己的错误。”在这一点上，小明并不同意皮经理武断的结论，而是在梳理问题的根源。

“为什么？”皮经理像是在求解方程的学生，不停地追问。

“因为设计员没有在图纸上标明外观要求。供应商以为差不多就行了，没想到我们的质检人员那么严格。”小明为了让皮经理信服，用十分坚定的语气回答。

“所以问题的根源在设计？”皮经理还在解方程。

“不能这么说。设计想要降低外观要求，这本身对于成本控制是有利的。但是质检要求一个量化的标准。在这一点上，设计、供应商和质检人员的需求、表达和理解全都不一致，导致直到产品做出来，大家一起查看后才发现问题，只能再次整改。”小明在努力地通过客观事实来阐述问题。

“怎样避免呢？这已经是第五个零部件出现类似的问题了。直到发货前，我们才发现问题，于是需要从图纸到产品进行大修改、大返工，费时费钱，对供应链产生很不好的影响。”领导，有时只负责提出问题。

“我有做过反思。我发现是因为公司项目管理的过程不对，导致方法不灵。”

小明像是聪明的一休，开动脑筋之后总能找到问题的答案。

“过程哪里不对?”皮经理始终好奇如何解开方程，想知道最终的答案到底是什么。

“我们应该把供应商、设计人员和质检人员一起沟通产品要求的环节放到产品生产之前，而不是等着产品出来了再去沟通。这是导致问题出现的根本原因。”说话间，小明的面部肌肉开始紧绷起来，双眼注视着皮经理，内心忐忑地观察他的反应。

只见皮经理若有所思，先是轻轻地点点头，接着又摇摇头，叹了一口气，说：“唉，你说得很对，这是你之前提过的项目研发期的可行性分析，但是还没有获准实施。天波公司一向不乏‘聪明人’，在高层讨论时，总是有这样或那样的阻力，比如担心这样会延误项目的进度，过度使用设计师的资源等。”

“其实项目研发期的可行性分析也只能规避部分问题，而不是全部。第二种方法是把供应商按照量产要求生产出来的第一个小批次视为质量验证的一部分，需要项目做时间计划和预算时把它考虑在内。而不是像现在这样，以为图纸发布了，供应商就能生产出合格品，结果从产品上发现一系列的问题，回头重新修改图纸和要求，拖后了整个项目的进度。”小明不但聪明，反应也很快。看到皮经理为难，便立即说出第二个方法。

听完小明的分析，皮经理再次陷入沉思，大约停顿了七八秒钟，最终点点头，说：“这一环节的确必要，而且算是在我的管理权限之内，我可以推动项目把它纳入里程碑。我们不怕出现问题，就怕不能提先识别。”

看出皮经理有些言不由衷，心里并没有十足的把握，小明主动安慰道：“项目的管理也不能单靠流程，还需要人的能力和主动性。相信通过这几件事情，设计工程师和质检工程师对问题的认知也会更加清晰，将来有类似的任务出现时，他们也会更加主动，防范问题的发生。比如，设计师的图纸和标准会越来越准确，质检工程师会提前检查供应商对图纸和标准的要求是否到位，来预防问题的发生。供应商经过与天波公司磨合之后，也会越来越准确地了解产品的要求。因此，以后会越来越好，毕竟大家都在认真做事，都想把事情做好。”

看到小明如此乐观，皮经理也感到些许欣慰。面对公司面临的“过程不对、方法不灵”的问题，最终要靠人来解决。

量产了，我却一点也高兴不起来

2018 年 4 月 10 日，星期三，柳树发新芽。

皮经理今天的心情很好，见到同事都笑脸相迎并主动打招呼。原来，昨天晚上董事会正式批准该医疗器械投产，因为药监局要求的相应资质都已齐全。

皮经理心里的一块石头终于落了地。他想到采购部的第一功臣自然是小明。虽然负责项目采购工作仅有三个月，但是小明体现出的主动性和解决问题的能力获得了公司上上下下的认可，为项目按时投产做出了极大的贡献。之后的订料工作将由采购部交接给计划部，小明的任务也就圆满完成了。

正在皮经理将这一喜讯告知小明之际，小明却愁容满面，甚至轻轻地叹了一口气，说：“公司的决定快于供应链实际的准备情况。如果保险起见，应该让供应商再做一个批次，我们再验证一次量产状态下的质量稳定性。我担心现在就甩手给计划部，会有意想不到的问题发生。

皮经理连连点头，肯定了小明的说法。但对于此事，皮经理有自己的理解，于是柔声细语地对小明说："19 世纪俄国批判现实主义作家伊凡·屠格涅夫说过：'如果我们总在等待绝对的一切就绪，那我们将永远无法开始。'从完美主义的角度理解，你的顾虑都是正确的，我很赞同。但是企业有它的看法，如：

"(1)企业的资源非常有限，我们不可能等到产品的方方面面都完美了再投产；

"(2)对于产品本身，市场的要求是安全和稳定，一些色差和表观的问题可以随着量产继续改进。"

"这些道理我都懂，我是在想更多细节问题，比如此次项目暴露出的：

"(1)零部件的可行性分析做得不到位；

"(2)设计与供应商的沟通不够协调；

"(3)供应商质量管理工程师没有早期介入，只管检验，不去想怎么避免质量问题的发生；

"(4)采购员的配合也不很给力，如小王。"小明的话流露出了内心的痛苦和对他人的失望。

"这几点我也思考过，恐怕在短期内无法找到解决办法。但是如果我们能换一个角度思考，这些或许都不是问题，比如：

"(1)如果所有岗位的人都能把工作做好做精，那么，设立项目采购工程师这个职位做什么呢？是不是就没有必要了呢？

"(2)如果给'项目'下一个定义，你会怎么下呢？官方的定义：项目是以限定的时间、预算和质量要求完成的一次性任务。所以，任何项目都有始有终，在问题解决之后，项目也就结束了。

“(3)正是公司高层预判了这些问题，才需要项目经理以及项目采购工程师来搞定这些事情。你明白了吗?”皮经理开导小明。

小明点点头，表示赞同。

看到小明已经跟上自己的思路，皮经理接着说:“其实别人怎么样你管不了，因为每个人走的路都是自己选的。对你来说重要的是，通过这三个月的锻炼，你获得了什么！在我看来，你脚踏实地，勤奋肯干，责任心强，是项目能够及时投产的第一功臣。为了帮你获得更好的职业发展，接下来我会在部门设立一个新职位:战略分析工程师，由你担任。从更高的维度找到降本机会，感兴趣吗?”

皮经理说完，小明心想，好多采购类的书籍都有教授战略采购知识，现在终于有机会学以致用，岂不幸哉？于是非常爽快地答应了。

“新的项目怎么不派小明帮我了?”在与皮经理闲聊时，项目经理打趣地问。

“好钢用到刀刃上。采购部得先自己吃饱，再出去扶贫。”皮经理也挺贫的。

而作为小明自己，在这三个月里仿佛坐上过山车，不管前面是上坡还是下坡，直道还是弯道，都是直接面对。勇气、毅力、才智和责任心是帮助小明进步的动力。因为小明坚信，一切努力终将获得回报。

04

第四章

学会战略采购管理

自 2019 年 1 月，从业不到两年的小明完成了职业生涯中的第二次转型，从采购员晋升为项目采购工程师，经过三个月的打拼，帮助新产品及时投产，圆满地完成了皮经理交代的任务，开阔了视野，也增加了自己在天波公司的知名度。

接下来应该如何用好小明？这是摆在皮经理面前的一道难题。安排他回去做采购员？有些浪费。经过一番深思熟虑之后，皮经理决定，设立一个新的岗位——战略采购工程师，并交由小明担任，将小明的工作重点从商务管理转移到战略管理。

这是一份将皮经理制定的战略目标落到实处，帮助每一位采购员制定采购战略并完成所需绩效的工作，对个人的工作能力、逻辑思维和学习能力都有很高的要求。

那么，小明将如何通过学习和实践，快速成长为名副其实的战略采购专家，并在职场中继续获得发展呢？

如何获得市场分析报告

2019 年 4 月 18 日，星期四，春风拂面，万里无云。

“最近在研究什么呢?”皮经理看到小明总在写写画画，不禁好奇地问。

“我想做塑料颗粒的市场行情分析报告，用来确认未来的最佳买进时机。”小明抬起头，对着皮经理说。“因此，这段时间我一直在分析原油市场、半成品市场以及塑料颗粒的市场行情。”

“好吧。虽然我没有理解为什么要去掌握那么多信息，以及如何把一个品类的市场波动与三到四个上游市场的波动相关联。并且我知道塑料颗粒的价格波动主要与产能有关。在很多时候，原油价格降低并不会导致塑料颗粒降价。但我认为你的思路没有问题，只有获得更多的信息，才会有更多的用处。”皮经理知道小明脸皮薄，从鼓励的角度出发，委婉地表达自己不同的意见。

“您说得对。我以前没有做过这类分析，没有方法论和工具，我能做的方向是：

“(1)向现有产品的供应商了解关键原料的市场行情；

“(2)找到信息的来源，再去摸底；

“(3)研究塑料颗粒的整条产业链，识别影响因子，搜集相关信息，建立模型，预测行情趋势；

“(4)在网上搜索一些资料，但这就如大海捞针，效率很低。

“希望经理能提供一些建议、方法和工具，多谢!”小明求知若渴。

“其实采购界对如何做市场分析有过很多讨论，结论非常简单，就是找专业的人做专业的事，从咨询公司购买报告。某一品类的行情报告，一年也就几万元，咨询公司会帮你分析历史行情并建议购买时机。采购的任务就是在价格上涨前大量买进，而不是等上涨了再追涨。虽然我对你的工作态度点赞，但实际上还是买报告划算，与其花费大量精力分析市场，不如多研究产品降本策略。”皮经理如是道。

“是啊。那我找第三方咨询机构联系一下，谢谢经理。”小明虽然愿意苦心钻研，但是不能闭门造车，还是要听从皮经理的指点，向皮经理学习。

“还是皮经理见多识广。”小明心服口服。

如何制定供应商的绩效指标

2019 年 4 月 23 日，星期二，多云转晴，气温渐暖。

今天的部门例会由皮经理主持，在总结近期的工作表现之后，皮经理要求大家集思广益，一起优化考核供应商的绩效指标。

“美国著名管理学家爱德华表·戴明曾经说过：‘没有测量，就没有管理。’意思是说，如果没有可量化的指标，便无法衡量管理的有效性，任何管理方法都不会起作用。这一点放在供应商绩效管理上也是适用的。

“在工作中，我们往往希望供应商把最好的资源向我们倾斜，增加我们的市场竞争力。但是，如果没有恰当的供应商绩效考核指标，我们便无从约束供应商；供应商的资源自然会偏向于要求更加明确的客户。因此，供应商绩效考核是我们必须要做，而且必须要做好的事情。但是有一个问题非常值得思考，就是绩效指标到底如何制定？一个最简单的问题是，绩效指标越多越好，还是越少越好呢?”皮经理说罢，环视四周，看看大家的反应。

“不多不少最好。”这个问题并不难，很多人都说出了正确答案。

“没错。有些企业会制定三四十个指标给到供应商，这会导致连自己负责绩效考核的人员都不知道工作的重点在哪里，更不用说供应商了。没有重点的绩效考核会流于形式，不解决问题。当然，绩效指标过少，如少于五个，会不够全面，也是不可取的。那么问题又来了，我们到底需要考核什么呢?”皮经理步步深入。

面对这个问题，在座的采购员都保持沉默。

皮经理清了清嗓子，接着说：“孔子说过，‘因材施教。’所以，这个世界上没有统一的绩效考核指标适合所有的企业。但是这并不意味着我们不用去参考什么，便可以盲目制定。经过思考，我认为恰当的绩效指标应该符合以下四项原则：

“(1)公开、公正、透明；

“(2)可量化；

“(3)容易获取；

“(4)可操作性强。

基于这些原则，我总结以下供应商绩效考核指标供大家参考：

供应商绩效考核指标表

项　　目	指　　标
甲方特殊要求	紧急交付
	预测变更
	延迟或取消订单
	主动与甲方澄清问题
	延迟付款
	支持新的计划方法(如 EDI 或系统升级)
成本表现	询价的竞争力
	PPV(低于预算多少)
	降价
	总成本降低
	减少返修和报废
	降低库存金额
	运费降低
	制造费用降低
质量表现	安全事故
	来料不良品比例
	在制不良品比例
	完成不良品比例
	客户端不良品比例

续上表

项　　目	指　　标
质量表现	市场端不良品比例
	质量服务表现(8D 的反馈时间和质量)
	来料拒收
	投诉
	返修
	首检通过率
交付表现	准时率
	准数率
	交期缩短率
	包装破损率
供应商的管理表现	提升标准(如从 ISO 9001 到 ISO 14001 或 IATF 16949)
	年审评分
	问题的追踪与监控
	人员能力
	工艺能力
	产品可追溯性
	产能的管理
关系管理	风险管理(如备用工厂)
	信息系统(如 EDI)
	自备安全库存
	缩减最小起订量

续上表

项　　目	指　　标
关系管理	风险管理(如备用工厂)
	信息系统(如 EDI)
	自备安全库存
	缩减最小起订量
	对客户和供应商的培训
	参与电子招标
	创新的建议
	创造新的价值
	发票的正确率

“这些仅仅是抛砖引玉。因为在每个指标背后,都需要制定详细的考核方法和考核频次,这就需要大家结合自己的管理需要,继续研究和制定。我要求每个人都为自己所管理的品类提出一个方案,在下周二的例会上分享。大家愿不愿意啊?”皮经理道。

“愿意。”只有一个清脆的声音回荡在会议室里,是渴望进步的小明发出的。绝大多数的同事只是把它当成任务,更确切地说,当成负担。

皮经理心里清楚,想要有效提升一家供应商的绩效,需要采购人员有很强的综合管理能力,而且是一个漫长的过程。因此,在绝大多数采购人员眼里,供应商的绩效管理只是一个鸡肋、摆设、表面工作而已。“希望小明能够抓住机会,做出一些成绩。”皮经理衷心祝愿。

而对于年轻的小明来说,一个新的课题又开始了。

什么是供应商管理

2019 年 4 月 29 日，星期一，桃花盛开。

从上周二开始，小明就在研究供应商管理这一新的课题，感悟到供应商管理不是一座“孤岛”，而是一首交响乐，由很多不同的音符组成，每个音符都需要在恰当的时间被弹奏，奏出的交响乐才能悦耳动人，否则就会“荒腔走板”，更有甚者会“乱弹琴”。

从大的方面总结，供应商管理就是做好以下四件事情：

(1)与供应商的顺畅沟通，尤其是公司的战略供应商；

(2)供应商的风险识别与规避；

(3)供应商的合同管理；

(4)供应商的绩效考核。

具体来说，就是要做好以下十件事情：

(1)定期(如每个月或每个季度)与供应商沟通绩效和其他事宜；

(2)确保对供应商的考核指标正确且有效；

(3)确保供应商提交的改善计划得到跟进和实施；

(4)确保供应商履行合同，在合同到期前商谈续约或终止，规避发生极端情况；

(5)维护与供应商的对口人员(销售人员、计划人员或项目经理)的人际关系；

(6)确保公司其他部门与供应商沟通的口径与采购人员一致；

(7)将客户需求和公司未来发展战略传达到供应商那里；

(8)识别和管理供应商以及供应商的供应商的供应链风险；

(9)确保供应商与甲方的采购、计划、质量等部门的顺畅衔接；

(10)鼓励供应商的创新和早期介入。

想要做好以上任何一点，都需要企业制定并实施一套行之有效的管理方法。同时，采购人员要注重与供应商的协同，为企业创造更多价值。其中，供应商能带给甲方的四种价值分别是：

(1)当供应商的规模较小时，采购人员可以帮助供应商发展。作为回报，供应商可以把最优资源给到甲方，确保甲方的采购价格在市场上最优。

(2)通过供应商的早期介入(前提是供应商是产品专家)，帮助甲方在新产品研发期间做到最优的性价比。

(3)利用供应商的创新能力降本，如饮料包装厂使用铝罐替代玻璃瓶，帮助整个饮料界降本。

(4)当供应商有新的产品可以为甲方的产品增值，在有足够大的需求量的情况下，甲方可以与供应商签署排他协议，独占供应商的新产品，打败竞争对手，成为市场上的寡头。

“没想到你在短短几天内就归纳出了这么多干货，好样的。准备一下，明天在周会上给大家讲一讲。”在听取小明的汇报之后，皮经理颇为满意。认为小明颇有过人之处，真是可造之才。

如何决定供应商的重要性

2019 年 4 月 30 日，星期二，晴天，春风和煦。

“一家供应商对你究竟有多重要?”在周会上，在分享完供应商管理的知识之后，小明接着分享供应商的重要性。

这是皮经理昨天没有听到的知识，于是他饶有兴致地注视着小明。

“这是采购与供应商打交道之前必须搞清楚的问题，否则在处理供应商关系时，会有‘错位’的风险。例如，曾有一家在液晶面板行业排名第一的企业的副总拜访某一大公司。此公司的采购总监按照‘惯例’，让副总白白等了 3 个小时。刚一见面便劈头盖脸地数落对方的价格高，要求降价 40%，导致对方拂袖而去。最后，这一大公司的老总亲自到人家那里赔罪，才重新把业务做起来。

“这个活生生的案例告诉我们，事先理清供应商的重要性，搞清楚甲乙双方的关系，对于采购人员是十分必要的。那么，怎么衡量供应商的重要性呢? 我总结了 20 条‘军规’，分别是：

“(1)采购额的大小；

“(2)对业务的影响，比如带来更多利润和附加值；

“(3)在未来可能带来的价值；

“(4)业务可持续性和供应商的增长速度；

“(5)供应商的创新能力；

“(6)供应市场的复杂度，如新的玩家难以介入等；

“(7)切换供应商的难度，如共有知识产权等；

“(8)产品或服务的特殊性，如某些药材的特殊产地要求等；

“(9)未来目标的一致性；

“(10)文化、风格和工作方式，如日本车厂喜欢跟日本供应商合作等；

“(11)供应商与甲方合作的意愿；

“(12)商业道德、信仰和政策；

“(13)已有的关系和以前的合作历史；

“(14)合同中的承诺，如排他协议等；

“(15)地理位置；

“(16)配送渠道；

“(17)独有的能力或知识产权；

“(18)甲方股东参股或为集团的子公司；

“(19)拥有某些特殊资质或符合某些法规要求；

“(20)客户指定。

“所以，咱们每个人都需要对供应商的重要性进行详细的分析，再进一步制定不同的采购策略。

“好了，今天的分享就到这里。请大家多多指教！”说完，小明礼貌地向同事们点头示意。

“看来供应商管理这个课题你已经研究得很透彻了。”会后，皮经理请小明留下，与之谈心。

“最近读了几本书，令我受益匪浅，内容深入浅出，通俗易懂。”小明如是说。

“我也要买一本看看。”看来，在某些方面，好学的小明可以教皮经理了。

客户为什么要指定二供

2019 年 5 月 6 日，星期一，虽有小雨，但气温还在爬升。

从业已近两年，小明发现，自己几乎能够帮助采购部解决所有问题，但客户指定的供应商，自己却完全没有办法管理。

因为这类供应商往往不视采购人员为客户，不愿听从他们的要求，例如不提交出厂检验报告，不遵守交期等。客户往往没有资源管理这些二级供应商，便把管理职责推给天波公司，而天波公司又管理不了，导致问题如皮球般被踢来踢去。本来一件不大的事情，却在客户、天波公司和二级供应商间没完没了地反复沟通。

“既然会有这么多麻烦事，客户为什么还要指定二级供应商呢?”小明向皮经理抱怨。

皮经理微微一笑，娓娓道来。

客户指定二级供应商往往有三种情况：

(1)客户的采购量要比一级供应商大，为了获得最低折扣有必要指定二级供应商并锁定价格。比如苹果公司就与很多元器件厂商直接签订协议价，再指定代工厂按照协议价格从这些二级供应商采购，从而保证价格最优、最透明。唯一辛苦的就是这些代工厂，本来利润就很薄，还得承担二级供应商的管理职责；再比如有些整车厂，他们一年的钢材采购量要比底盘供应商大很多，那么整车厂会出面跟钢厂洽谈折扣更大的协议价，再指定给车底盘的供应商采购，就会达到成本双赢的效果。

(2)客户与二级供应商联合研发产品。比如某整车厂和控制模块工厂联合开发控制单元，再要求汽车的总成厂（即一级供应商）从控制模块工厂（即二级供应商）采购控制单元，组装到总成中，再发给整车厂装车。如果是比较讲理的整车厂，会与一级供应商和二级供应商同时签署商务、质保、库存、交期等三方协议后，委托一级供应商来管理二级供应商。

（3）客户与二级供应商有关联。例如个别大型多元化的集团，会指定供应商从自己的子公司购买材料，经过加工，再卖给另一家公司。在个别管理不完善的公司，不排除客户内部有人为了牟利，要求或暗示一级供应商从某二级供应商采购。一级供应商如果顾及这种不正当的客户关系，采购管理起来将非常麻烦。

“没有办法，不如意的事情总会发生，我们需要摆正心态。既然客户会指定供应商，采购只能应对，抱怨不会起到任何作用！”皮经理安慰道。

“这么讲我就多少理解了。以后面对客户指定的供应商，我需要更大的耐心，做好客户与供应商的沟通，遇到问题通过多方协调来解决。”小明补充道。

“是这样的。”皮经理点点头。

最佳质量奖颁给谁

2019 年 5 月 17 日，星期五，石榴花开。

每到年中，天波公司都要举办供应商大会，期间会颁发年度最佳服务奖、最佳交付奖、最佳成本节约奖以及最佳质量奖。今年，前三个奖项早已名花有主，唯独最佳质量奖迟迟没有答复，于是皮经理找来负责供应商大会筹备工作的小李询问意见。

小李搬来了笔记本电脑，一边指着数据，一边挠着头说："皮经理，品质部会对供应商每一批货进行质量评分，评分标准是按照每一种货物的检测数据与品质部对应的质量参数来取值评定：100 分为极好，90 分为优秀，80 分为良好，70 分为合格，60 分就要让步接收，0 分为退货；现在供应商 A 和供应商 B 的总得分和平均分打成了平手，您看这怎么办才好。"

A 供应商质量评分表

供应商 A	1 月	2 月	3 月	4 月	5 月	6 月	7 月	8 月	9 月	10 月	11 月	12 月
批次 1	90	80	80	80	80	90	80	80	80	90	90	80
批次 2	80	90	80	80	90	90	90	80	90	90	90	80
批次 3	80	80	90	80	90	80	90	80	80	90	80	90
批次 4	80	80	80	90	80	90	90	80	90	90	90	90
批次 5	80	90	80	90	90	90	80	80	80	80	80	90
月度平均值	82	84	82	84	86	88	86	80	84	88	86	86
年度总分	5 080											
年度平均值	84.67											

B 供应商质量评分表

供应商 B	1 月	2 月	3 月	4 月	5 月	6 月	7 月	8 月	9 月	10 月	11 月	12 月
批次 1	100	90	80	90	100	90	80	100	90	90	100	70
批次 2	80	90	80	90	80	80	90	90	70	80	80	80

续上表

供应商 B	1 月	2 月	3 月	4 月	5 月	6 月	7 月	8 月	9 月	10 月	11 月	12 月
批次 3	80	80	100	90	90	100	90	90	80	90	90	90
批次 4	90	90	90	90	80	90	80	80	90	80	80	90
批次 5	80	70	80	60	80	80	70	80	90	70	80	70
月度平均值	86	84	86	84	86	88	82	88	84	82	86	80
年度总分	5 080											
年度平均值	84.67											

看到以上数据，皮经理也不知道如何是好，于是找来负责战略采购的小明商量对策。

看着这两张表，小明说："就质量稳定性而言，我们应该把最佳质量奖给供应商 A。"

皮经理和小李一脸狐疑，他们觉得小明是在拍脑子做决定。

小明笑了笑，说："我们不妨把上面两组数据换成更直观的图，来看一看。"

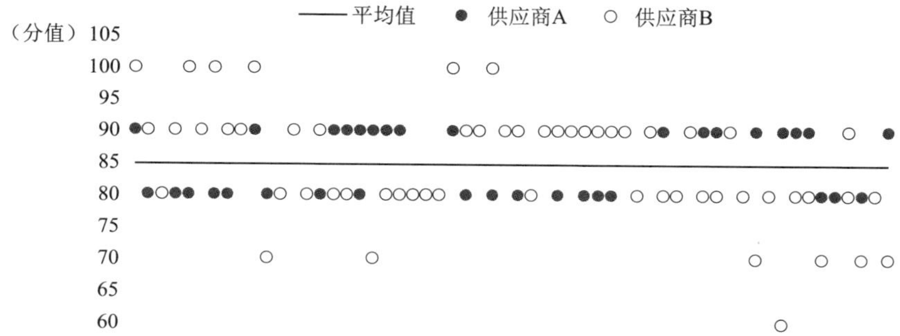

质量得分图

小李："这么看就直观多了，供应商 A 基本上都在平均值附近，而供应商 B

就相对比较分散了。”

小明：“是的，所以就去年而言，供应商 A 质量很稳定；但供应商 B 是我们今年关注的重点。你们看，他有 6 次极好的质量表现，可以看出他们在质量的把控上有很大的潜力。”

小李心里暗自佩服，但是心里仍有一丝疑虑：“如果肉眼无法观察到离散度，怎么办？”

小明说：“问得好。在统计学中，标准差可以反映一个数据集的离散程度，Excel 里可以用 STDEV 函数，你再看下这两组数据。”

A 供应商质量评分表（标准差）

供应商 A	**1 月**	**2 月**	**3 月**	**4 月**	**5 月**	**6 月**	**7 月**	**8 月**	**9 月**	**10 月**	**11 月**	**12 月**
批次 1	90	80	80	80	80	90	80	80	80	90	90	80
批次 2	80	90	80	80	90	90	90	80	90	90	90	80
批次 3	80	80	90	80	90	80	90	80	80	90	80	90
批次 4	80	80	80	90	80	90	90	80	90	90	90	90
批次 5	80	90	80	90	90	90	80	80	80	80	80	90
月度平均值	82	84	82	84	86	88	86	80	84	88	86	86
年度总分	5 080											
年度平均值	84.67											
标准差	5.03											

B 供应商质量评分表（标准差）

供应商 B	**1 月**	**2 月**	**3 月**	**4 月**	**5 月**	**6 月**	**7 月**	**8 月**	**9 月**	**10 月**	**11 月**	**12 月**
批次 1	100	90	80	90	100	90	80	100	90	90	100	70
批次 2	80	90	80	90	80	80	90	90	70	80	80	80

续上表

供应商 B	1 月	2 月	3 月	4 月	5 月	6 月	7 月	8 月	9 月	10 月	11 月	12 月
批次 3	80	80	100	90	90	100	90	90	80	90	90	90
批次 4	90	90	90	90	80	90	80	80	90	80	80	90
批次 5	80	70	80	60	80	80	70	80	90	70	80	70
月度平均值	86	84	86	84	86	88	82	88	84	82	86	80
年度总分	5 080											
年度平均值	84.67											
标准差	8.73											

小明说："供应商 A 的标准差小于供应商 B，所以供应商 B 的离散度更高。对我们而言，供应商 B 的质量没有供应商 A 稳定。"

小李说："有了这个公式，省去了肉眼识别的苦恼，更加简单和便捷。小明，您太神通广大了。不过这个似乎和采购工作八竿子打不着，您是什么时候学到的这个神技能？"

小明说："数学是通用的，掌握原理之后，可以应用在价格稳定性、质量稳定性甚至人员流失率等很多领域。"

小李灵机一动："这个是不是和我们常说的六西格玛也有关系？"

小明说："没错，六西格玛涉及的范围就更广泛了。这些我们以后再交流，当务之急是要做供应商大会的相关筹备。"

小李看了下时间，不好意思地说："小明，回头我再向您讨教，我现在就去做最佳质量奖的奖杯。"

听完小明与小李的对话，皮经理想起之前给小明传授过一些利用Excel软件解决问题的方法。看来小明下了功夫，自学了很多 Excel 的用法。真是青出于蓝而胜于蓝。

联合采购

2019 年 5 月 20 日，星期一，杨柳青青。

5 月是一年当中最好的月份，正在人们计划如何出游之时，小李却愁容满面。他所负责的 MRO 类物资的降本指标是 10%，但是直到现在，他只完成了 3%，于是悄悄地向小明求助。

“哈哈！这个问题我思考了很久，答案就在咱们的园区。”小明哈哈大笑，接着故作深沉地打着哑谜。

天波公司所在的工业园区为“高科技”产业园，园区有很多企业和天波公司的经营范围差不多，有的是同行，有的是相关配套企业。小李每天上下班都路过这些公司，但是他不明白小明的目的是什么。看到小李一脸疑惑，小明笑了笑说：“皮经理经常教导我们如果一件事情想不通，就要打破固有思维，开一下脑洞。”

小李说：“脑袋左边是水，右边是面，阀门一开，成糨糊了。”

小明笑着说：“之前在读采购教科书的时候，读到有一节是专门讲‘联合采购’的，我们可以用这个方法，把相同产业的公司联合起来，一起与供应商谈判，这样就能获得量的优势，也获得议价权。于供应商而言，也节约了各项成本，何乐而不为呢？”

小李一拍脑门：“知识改变命运，我之前还疑惑同样是8小时工作时长，到底是什么拉开了我们之间的距离，原来是知识、知识、知识！您的这个‘联合采购’的想法非常可行！”

小明：“想到就赶紧做吧，现在信息通达，‘联合采购’可以由‘线下’转为‘线上’，而且这个项目需要大量的资源，你可以向皮经理申请协调。”

小李飞奔至皮经理的办公室，告诉他“联合采购”的想法，皮经理拍案叫好，随后积极与园区相关企业接洽沟通，共同建立了一个“联合采购”的信息平台。信息平台统计出企业共用物料的年度用量，通过寻源以及企业推荐获得优质供应商；接下来与优质供应方进行谈判，供应商也一改常态，积极配合，并给出了优惠的价格。

“联合采购”将信息流和物流进行整合，供需双方实现双赢：于需方而言，获得了价格、服务等优势；于供应商而言，由之前的“一对多”模式，精简为“1对1模式”，大大节约了以下各项经营成本：

第一，“联合采购”降低了供应商的获客成本；

第二，统一生产计划，减少生产成本；

第三，由原来的分批配送，改善为整车沿途配送，大大节约了物流成本；

第四，减少了销售成本。信息平台每日汇总园区内订单信息，直接传递到供应商的销售，而且供方销售人员也省去了多次报价等管理成本。当然“联合采购”信息平台的好处远不止于此。

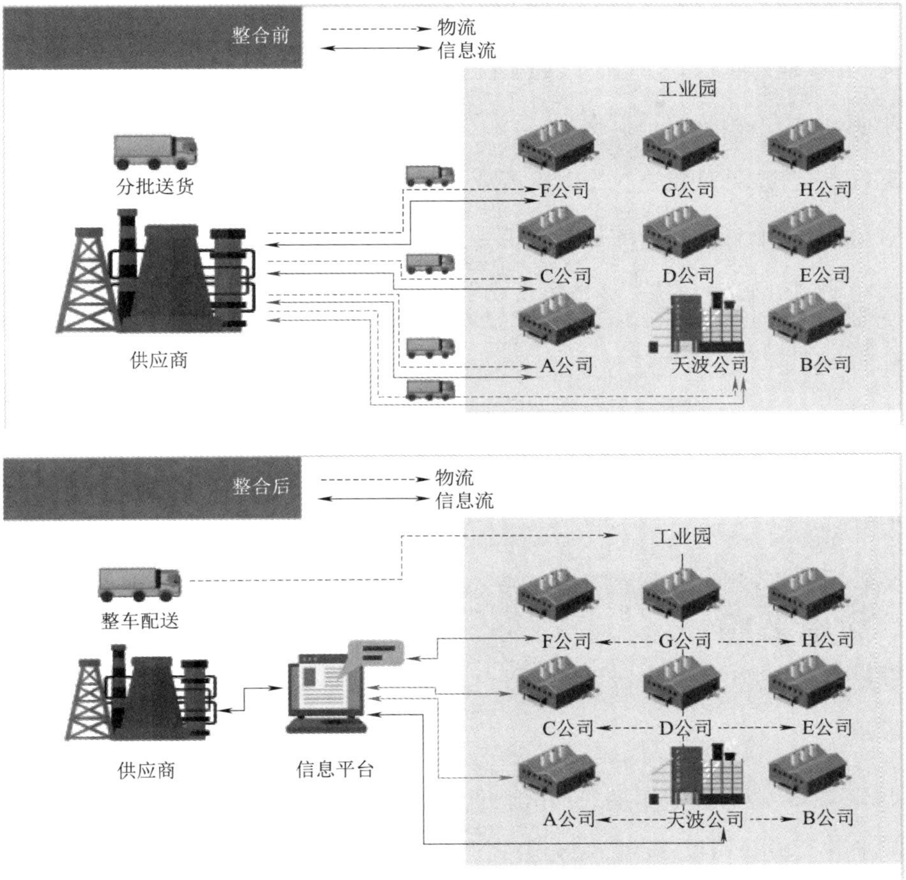

“联合采购”前后物流和信息流对比图

三个月过去了,“联合采购”带来的红利和便利,园区企业有目共睹,越来越多的企业参与其中,越来越多的供应商也闻讯加入,后期便成了园区管委会大力扶持的重点项目。平台的功能也逐渐强大,不仅可以做需求收集和分析,还可以做招投标、订单追踪、供应商绩效评价等。

很快,小李完成了年度降本指标,天波公司也获得了工业园管委会颁发的创新奖。领奖时，皮经理看了看小李，这个年轻人在项目落地和实施上有一股子韧劲儿，处事越来越稳，全程不争功也不邀功，倍得人心。同时目光扫过领奖台下的小明，心中不禁感叹："这次'联合采购'，小明也功不可没，他全程提供了指导意见，而这些意见是建立在平时自身业务稳扎稳打、精益求精的基础之上的。更为难得的是，他自身存在的那种坚持学习与思考的精神。"想到这里，皮经理再次望向小明，在阳光的照耀下，他发现小明的身上正在闪闪发光。

集中采购

2019 年 6 月 4 日，星期二，办公室里飘来淡淡的槐花香。

随着天波公司投资的几家分公司不断壮大，品类管理问题越来越突显。主要体现为：

(1)各分公司自行决定采购物料，导致批量分散；

(2)各分公司的采购流程不尽相同，过程不透明；

(3)面对总部的质疑，各分公司拿不出可行之法。

因此，天波公司责成皮经理牵头解决此事。

这是一个典型的集中采购管理问题，单凭皮经理一己之力肯定无法完成这么庞大的任务。于是皮经理邀请自己最信任的骨干——小明一起参与。

“此事关系各分公司的权利甚至个人利益，我们只能巧打。”皮经理说道。

“巧打？”小明不解。

“如同打蛇打七寸，动作要小，见效要快。”皮经理解惑。

“我明白了。”

“你先到各分公司抓取支出数据，完成初步的品类分析报告，我们再一起看一下哪些品类适合做集中采购。”皮经理下达任务。

很快，小明从财务部那里拿到各分公司的支出报告，并做了初步的分析。小明心想，皮经理所说，其实是两个意思：

(1)对于大宗原材料，因支出较大，涉及权利问题，有可能会碰触各分公司的敏感神经，除非能够快速降本，否则不要轻易整合；

(2)对于价值低或者通用的服务，各分公司可能不太关心，可以由集团统一管理，实现降本。

沿着这个思路，小明梳理出了下图所示四大品类，适合做首批集中采购。

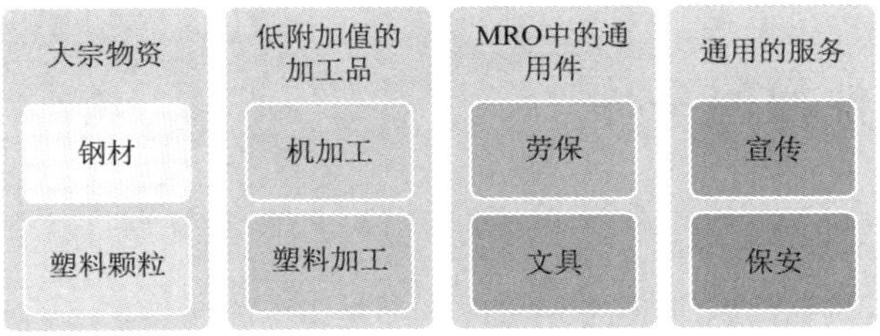

适合做首批集中采购的四大品类物

其中，大宗物资里的钢材和塑料颗粒的价格水平决定了公司的成本竞争力，各分公司都需要，必须通过集中采购，统一招标，拿到最低折扣；低附加值的加工品的门槛低，虽然各分公司需要的加工件略有不同，但是很多供应商都能做，不如把他们集中起来招标，减少供应商的总数，以量换价；MRO 中的通用件，很容易通过集中采购的形式降本，质量风险很小，各分公司不容易有异议；至于通用的服务，总部可以跟一些规模较大的供应商询价，看看是否会更便宜一些。

“很有条理。实施工作我就交给你了。”皮经理对小明提供的上述方案表示满意但不忘提醒小明，“一定要提前跟各分公司的总经理打好招呼，获得认同。不要指望他们会多么支持你；如果遇到阻力，可以找我商量。”

“看来事情不会如分析的那么简单，人既江湖啊。”小明心想。

由于前期沟通到位，虽然各分公司经理并没有提供多少支持，但也没有阻挠集中采购事宜。很快，皮经理和小明如预期般完成了集中采购项目，取得了可观的降本业绩，获得总经理的嘉奖。

备品备件如何备库

2019 年 6 月 13 日，星期四，火红的太阳。

通过实施集中采购，小明和皮经理帮助天波公司在成本上变得更具竞争力，公司也开始视采购部为创造价值的部门。这不，本来是由维修部负责备品备件的备库管理工作，但是财务部认为，维修部一直拿不出一个合理的备品备件备库方案，于是请采购部想办法。

维修部也在诉苦，如果备少了，财务部倒是高兴了，但是一旦没有备件及时更换，导致车间停产，给公司造成的损失要比节约的库存金额大很多；如果备多了，财务部总是会问为什么要买这么多。因为很多备件几年都用不上，为什么把几百万元的备件放在仓库里，造成大量的资金浪费。

“这是一个资金与风险的平衡问题。”皮经理首先给问题定性。“小明，你分析一下前五年的备品备件的采购与使用记录，先提出一个方案。”通过集中采购项目，皮经理发现小明已经具有很强的分析能力和跨部门协调能力，于是直接吩咐小明来提方案。

经过分析，小明发现，备品备件是一个范围很广的概念，具体体现为，几元钱的小轴承算备品备件，十几万元的电动泵阀也算备品备件，价值差异很大。另外，有的备件可能一年就要更换一次，有的三年也用不上。那么在备库时，就有必要考虑更换频次的差异。

基于以上分析，小明列出下图。其中，横轴代表备品备件的价值大小。听取财务部的意见，小明把单价 5 万元以下的备件默认为价值小，5 万元以上的备件默认为价值大；听取维修部的意见，小明以维修频次三年为界，小于三年视为维修频次大，反之则视为维修频次小。

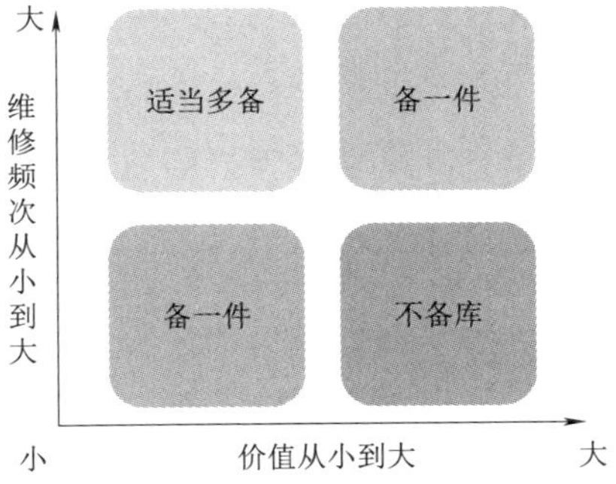

考虑到财务部给到的资金压力很大，小明提出如下建议：

（1）对于频次大但价值小的备品备件，维修部可以根据最小起订量适当备库，不限于一件；

（2）对于频次大但价值大的备品备件，维修部只备一套；

（3）对于频次小但价值小的备品备件，维修部仍然只备一套；

（4）对于频次小但价值大的备品备件，为了避免呆滞，节约资金，甘冒风险，不备库。

“我认为，这是在平衡风险的前提下，最有效使用资金的方法。”在做汇报时，小明再次强调他的理念。

“但这不能 100％规避停线风险。我的意思是，一旦出现频次小但价值大的备品备件需要更换，我们又没有备库。”维修部质疑道。

“如果我们有充足的资金和仓储空间，当然应该备一套。但是现在条件不允许，我们只能通过一套科学的统计方法来备库。”小明解释道。

“我同意。”财务部经理点头。

“思路很好，值得借鉴。”皮经理赞赏道。

“好吧，既然大家都同意，我们就按照这个思路来。”维修部经理最终也同意了。

通过实施这个方法，天波公司的备品备件库存金额下降了一多半。可能是有些运气，公司一直没有出现停线的情况。

“强将手下无弱兵。”财务部经理在皮经理面前赞扬小明。

“小明身上有一种要把事情做到极致的特质，遇到困难愿意钻研，喜欢独立思考，是一个出色的年轻人。他这套将复杂问题通过两个维度、四个象限分解的方法论，值得每个人学习。”皮经理对小明赞赏有加。

“再多几个小明你就可以退休了。”财务部经理打趣道。

“我是真的希望早点退休，哈哈。”皮经理开心地笑了。

MRO 整合

2019 年 7 月 2 日，星期二，热浪袭人。

虽然工作刚满两年，但是小明开局顺利、渐入佳境。在成功实施集中采购和备件备库之后，小明在公司的声望渐长。于是，小明还想再接再厉，继续从战略层面改进公司现有的采购管理方式，帮助采购员解决工作痛点。

在日常工作中，小明经常听到负责 MRO（是英文 Maintenance 维护，Repair 维修 & Operations 运行的缩写，通常是指在实际的生产过程中不直接构成产品，只用于维护、维修、运行设备的物料和服务）采购工作的同事抱怨：订单金额太小，需要管理的供应商太多，还要天天加班，压力山大。小明便牢记于心，苦苦思索解决的方法。

刚好在参加一次展会时，小明看到某某供应链管理服务公司的宣传海报，声称提供一站式 MRO 服务，解决 MRO 采购痛点。这让小明十分心动，立即与对方取得联系。

"真的可以解决 MRO 采购的痛点？"小明还是有些担心。

"没错，我们不但可以帮你减少供应商的数量，还可以帮你降低采购价格，缩短交期。你可以给我发几个需求，立即给你报价。"对方信誓旦旦。

很快，小明从负责 MRO 采购的同事那里拿到一个法国进口泵的需求，原价 7 万元，交期一个月。小明将这一订单发给一站式 MRO 服务公司之后，很快得到回复，"9 万元，交期一个月。"同时，那位采购同事反馈，原来的渠道供应商询问，为什么有另一家贸易公司在找他们询价，而且是相同的型号和交期。

小明气愤极了，心想，“什么一站式服务，就是个二道贩子。”于是打电话投诉。

“上次搞错了，我们又询了一下，7 万元，现货。”对方好像早有准备，立即改口。这次的条件还是很不错的，价格可以，还是现货。于是小明让同事给对方下单。

三天后，货到了。紧接着，维修部的投诉也到了。“快来看看你买的到底是什么？我不敢用。”

来到现场，小明一看就明白了。原来，拆箱之后，维修部发现这个泵没有包装，有明显使用过的痕迹，既无法证明是原厂货，又不能确保功能正常，当然就不敢使用了。

小明火冒三丈，立即给对方打电话，询问是怎么回事。可是对方也说不清楚，只说是南方有家公司卖泵，价格便宜而且有现货，他们就下单了。是第一次经手这个泵，然后就说不出什么了。

“混蛋、黑心。”小明咒骂道，“你们自己不懂还接单，是不是赚钱不要命了。”

“可以给你做退货处理。”对方倒是蛮客气的。

“但是你耽误我使用，产生了误工费。”小明气愤地说。

“实在抱歉，合同里没有约定，我们就没有办法负责了。”对方也很为难。

这件事情让小明在公司的声望有所动摇。喜欢说闲话的人传谣，说小明与供应商有特殊关系，甚至有不正当的利益往来。这件事自然很快便传到了皮经理的耳朵里。

“我说你最近怎么无精打采的，原来是因为这件事。”皮经理故作轻松，安慰小明。

“有人把这件事说得很难听。我给采购部丢人了，实在是无地自容。”小明很羞愧。

“你不是没有给公司造成直接损失吗？有什么可无地自容的，又不是什么大不了的事情。很多人对采购工作是戴着有色眼镜看待的，我都习以为常，不为所动了。重要的是通过这件事情吸取教训，以后不打无把握之仗。还有很多事情需要你来解决，吃点小亏不是坏事。”皮经理安慰小明。

“谢谢您的劝导。我之前做事有些毛躁，不够小心，吃一堑长一智吧。”小明能够客观地分析自己存在的问题，这是常人做不到的，非常难能可贵。

“这么想就对了。我对你百分之百的信任，不会因为此事有任何动摇。”皮经理给小明打了一针强心剂。

好领导就如同及时雨，给员工营造适宜的生长环境，鼓励员工走出挫折，继续向前。

反向营销

2019 年 7 月 10 日，星期三，阴雨连绵。

天波公司有上百个小额机械件，在近五年没有任何降本。之前公司把它们归为 C 类件，即占总支出很小的部件，属于不被重视的那种。但是由于公司给到采购部的降本压力在逐年增大，现在小明不得不把相同品类的C类件拿出来做降本分析。

对于这些机械件来说，说是相同品类，其实工艺都有区别，有的是钣金＋焊接＋热处理＋喷漆，有的是机加＋组装＋喷漆，而且漆面的颜色也不同，有白漆、蓝漆、红漆和黑漆等。

因为不受重视，这上百个机械件分别由4位采购员负责。由于人员更替等历史原因，共有20家供应商在供货。

经过小明计算，在每家供应商每年的采购额只有几万元到几十万元不等，很少能超过供应商销售额的1%。在这种情况下，采购员能维持五年不涨价已经是奇迹，至于说如何降价，诸如询比价、谈判等常规方法就别想了，肯定无效。

"大家有什么办法吗?"在由小明组织的降本研讨会上，小明发问。

"应该整合供应商!"这几乎是四位采购员异口同声地回答。

"应该把供应商A的件转到供应商B。"负责供应商B的采购员提议。

但是，这个提议当即遭到反对。

"为什么不是把供应商B的件转到供应商A呢?"负责供应商A的采购员立即反唇相讥。

看到出现矛盾，小明赶忙出声化解："咱们别争了。整合供应商是好事，我提一个做法，大家看看行不行。之前，我有了解反向营销，就是把我们的需求发布出来，让供应商告诉我们他们能做什么，经过招标后，总价最低者得，怎么样?"

此言一出，有人赞同，有人反对。反对的人主要担心破坏现有供应商的关系。

"不破不立，我们要给想与天波公司发展业务关系、愿意降本的供应商机会，而不是维持现状。"小明斩钉截铁地说。

就这样，这上百个零部件的清单和关键要求被整理好后，小明同时发给这

20家供应商。有7家供应商没有回复，暗示不感兴趣。有10家供应商提供了部分报价，有3家供应商提供了所有报价。

经过对比现在的总价，报价最低的供应商的整体价格要下降6%。

“真是个好方法。”在提请皮经理签字同意切换供应商时，皮经理是这么评价的。

“但是，我没有听说过这家供应商有焊接能力啊？为什么所有C类机械件都能做呢？”皮经理敏锐地察觉到问题。

“这个问题我想到了，并在第一时间确认了。这家供应商旁边就有一家质量非常可靠的焊接厂，他们是伙伴关系，所以他们可以外协焊接加工。”小明赶忙解释。

“原来如此。之前我们都不知道。”皮经理若有所思。

这就是反向营销的优势啊。人的认知可分为四种：

(1)你我都知道；

(2)我知道但你不知道；

(3)我不知道但你知道；

(4)我不知道你也不知道。

作为采购员，往往以为自己足够了解供应商，认为供应商有些东西不能做，就不去问供应商。而供应商知道自己能做什么，但却看不到甲方的全部需求，也就造成了信息不对称的问题。而反向营销，恰好解决了这个问题，让供应商看到我们的需求，告诉我们他们可以做什么、怎么做。

“看来，方法总比问题多不是一句空话。多亏了你，这么干下去，今年的降本指标无忧了。”皮经理高兴地说。

小明赔笑，心中暗暗吐槽：“你是没有看到我天天加班整理这一百个零部件资料的苦啊！”

工人外包与生产外包

2019 年 8 月 1 日，星期四，闷热。

一大早，生产部经理便找到皮经理，商议工人外包与生产外包事宜。

“你看，这是去年的用工统计。咱们生产的季节性很强，淡季和旺季的用工人数相差一倍，导致部分人工浪费。”生产经理介绍。

“嗯。这的确是一个成本问题。”皮经理点点头。

“所以我想问一下，咱们采购部有没有采购外包服务的经验。我想到两个方案，一个是将 50％的用工转为合同工，向劳务外包公司支付管理费；另一个是将生产的部分流程整体外包出去，计件付款，调动外包公司的积极性。”

“此事值得研究一下，我把小明叫来。”皮经理回复。

接着，皮经理向小明布置任务，要求做一下市场调研，研究生产经理提出的哪种方案最好。小明随即找来一家当地最大的劳务公司了解情况。

“我们现在都是计时收费的。”劳务公司介绍道。

“具体讲讲？”

“我们会安排一位主管到贵司，每天记录外派人员的工时，按照事先定好的费率按月结算。如果涉及加班，外派人员也要受到劳动法保护，由贵司按费率乘以 1.5（平日）、2（周末）、3（法定假期）付费。”

“你们的费率怎么来的？”小明问。

“其实我们就是在工人的基本工资和保险（除公积金）的基础上加上一个管

理费，管理费包含了裁员给员工的赔偿和一点点利润，具体金额取决于贵司的用工人数和用工方式。”劳务公司的销售代表道。

“人员如果不按时到岗怎么办？在我司发生工伤谁承担责任？”小明很细心。

“人员管理方面不用担心，我们会要求合同工提前请假，另行安排人员替岗；工伤的话，还是要贵司负责，这是行业统一的规定。另外，我建议贵司给合同工一些激励，例如工作满 6 个月，如果绩效达到一定的程度，可以优先转正。另外，在公司发放福利时，将合同工一视同仁，否则合同工的离职率会比较高。”劳务公司的销售代表解释。

“明白了。这也意味着我们对合同工不能期望太高，最好安排一些容易的、辅助的工作给到合同工，而不能把他们当成主力。”小明总结。

“现实中是这样的。”劳务公司的销售代表会心一笑。

“这就如同家兵与杂兵的差别，不能指望临时拼凑来的杂兵输出最大的战斗力。”

嘿嘿，对方笑而不语。

回过头来，小明邀请生产经理和皮经理开会。

“以上是我了解到的信息。先说生产外包的方案，合同工和劳务公司肯定指望不上，还得靠我们自己来管理生产。至于说引进多少比例的合同工，我建议生产部要统计多少岗位是打辅助的；另外明确对合同工的鼓励机制，否则我感觉事情没有想象中的那么美好。”

“对。我们要有现实的期待。如果合同工是一个很好的解决方案，为什么没有被大量采用呢？我问过其他几家公司，他们就是用在辅助岗位上，比例一般不会超过 20%，主要原因是合同工不稳定，工作效率上不来，有时候还不好管理，所以你要综合考虑啊。”皮经理补充道。

“明白了，我再看一下这块怎么优化最可行。谢谢采购部的支持。”生产经理点头示意，表示感谢。

会议结束后，皮经理夸赞小明脚踏实地地给出很中肯的建议，避免生产部抱有不切实际的期待，规避出错的可能。

小明笑着说：“这件事也开拓了我的眼界，对一个新品类有了更多了解。”

“孺子可教。”皮经理也笑了。

采购部领导跨部门降本的意义

2019 年 8 月 5 日，星期一，热浪习习。

随着战略采购工作的开展，小明发现自己领导的跨部门降本项目越来越多，但是在很多时候，其他部门并不积极配合。小明忍不住抱怨：为什么必须由采购部发起并领导跨部门降本项目，而其他部门却可以不予重视呢？作为战略采购工程师，自己比做项目采购工程师时还辛苦。

皮经理看得出小明有些想不通，有怨气，于是劝慰道：“在现实工作中你会发现，很多部门对采购部领导的跨部门降本项目不以为然，但是采购人员还必须要领导跨部门降本项目。究其原因，是采购部的地位在公司颇受质疑。你看，我们往往说采购部是掌管公司支出的战略管理部门，是产生价值的部门。但是在其他部门眼里，采购部只是一个支持部门，是给销售部、研发部、财务部、运营部等部门打下手的部门。

“这就是采购工作的尴尬之处。

“那么，怎么证明采购部是重要的战略部门而非支持部门呢？

“唯一的办法就是由采购部来领导跨部门降本项目，通过领导力的体现和绩效的提升来提高公司高层对采购部的认知，从而逐步改善采购部的地位。

“因此，我设立了战略采购工程师这一岗位，在级别上要比普通的采购员高一级。通过专人专岗，主动寻找跨部门降本的机会，帮助采购部获得公司高层的认可，赢得更多的发展机会。所以你要明白我的良苦用心，坚持住。”

“原来如此，从这个角度我明白了这项工作的重要意义。不管多难我都要坚持下去，多做业绩，一定不辜负您的期望。”找到了工作的价值和意义，小明也就不再抱怨了。

如何在亚太区寻源

2019 年 8 月 7 日，星期三，湿热。

随着公司给到采购部的降本压力越来越大，皮经理想要从全球的角度分析在低劳动成本国家寻源降本的机会，于是给小明出了一道战略寻源题：如何在亚太区寻找更有竞争力的供应商，要求小明提供初步的分析报告。

经过查阅大量的资料和有逻辑的梳理，小明按照以下五个步骤完成了初步的分析。

（1）皮经理所说的亚太区是指哪些国家？

皮经理所说的，亚太区的国家包括中国、日本、韩国、朝鲜、印度、一些东南亚的国家、澳大利亚和新西兰等国。但是考虑到天波公司实际的管理范围，澳大利亚和新西兰等地区会被排除。因此天波公司在亚太区的寻源范围应该集中在中国、日本、韩国、印度和东南亚一些国家等地。

（2）亚太区寻源的意义是什么？

中国是公认的世界制造业中心，体现为中国的工业门类最为齐全，中国制造的品质越来越好，技术含量越来越高。

那么，天波公司为什么还要去周边国家寻源呢？原因有三：

①国内对污染性企业不友好，如低附加值的铸造行业；

②一些贸易摩擦迫使受影响的企业在东南亚建厂，规避关税风险；

③利用日本或韩国等发达国家的外脑给产品增值。

以上三点同时指出，针对不同品类，寻源区域应该不同。针对高附加值的品类，如控制单元、LED、电子件等，寻源的重点可以放在日韩等国，目的是寻找增值机会；针对低附加值的品类，如铸造、注塑、线束等，寻源的重点应该放在印度和越南等国，目的是利用低劳动成本降本。

（3）在亚太区寻源的渠道有哪些？

①区域优势，如印度的灰铸铁件、泰国的铝压铸件、越南的线束组装、日韩的

电子产业等；

②熟人介绍，如可以通过在亚太区国家工作过的同事或朋友推荐；

③论坛或沙龙，如越南投资论坛；

④当地展会，如日本东京国际电子元器件及制造设备展览会、印度加尔各答国际铸造及铸件展和越南河内国际工业展览会等；

⑤咨询公司，帮助天波公司做行业区域对标，例如了解泰国的配套供应商都有哪些，有哪些品类会比中国有优势等。

(4)制造业潜力大的国家有哪些？

以下是亚太区九国 2019 年官方最低工资标准图。

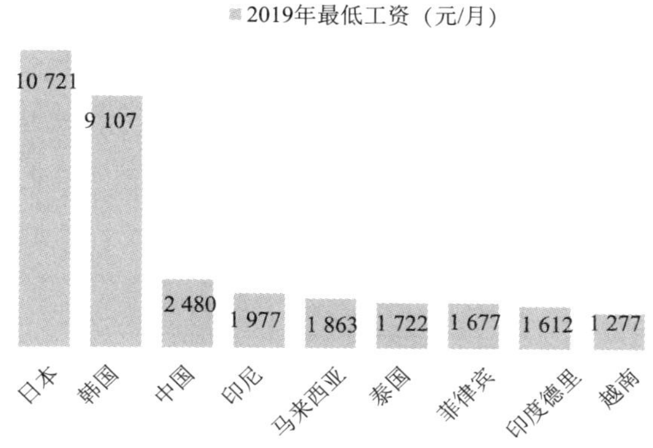

2019 年亚太地区九国最低工资

注：数据来自各国政府发布的 2019 年最低工资。

除了日韩这种发达国家，当前值得重点关注的国家是印度和越南。因为内部市场很大；因为越南基础设施较好，以出口经济为主，被称为下一个韩国。两国的发展水平如下表所示。

情　况	印　度	越　南
发展模式	内需为主	出口为主
城市面貌	相当于 20 世纪 80、90 年代的中国	相当于 21 世纪初的中国
工资水平	较低	很低
教育水平	不同的邦有自己的语言和文化，但普遍会讲英语	英语为第一外语，中文为第二外语
工作态度	女性工作少	男女平等，多劳多得
平均年龄	30.4 岁	26.7 岁

注：数据统计于 2019 年。

下表是中国、越南、印度三个国家相关城市的最低工资水平表。

上海、河内、德里 2016 年到 2018 年最低工资水平表

单位：元

年份 \ 城市	上　海	河　内	德　里
2016 年	2 019	1 019	1 124
2017 年	2 300	1 092	1 538
2018 年	2 420	1 159	1 612

注：来自官方发布的数据。

可以理解，因为语言、文化和低劳动成本，越南正在成为中国企业对外投资的首选国家。

(5)战略寻源的开展流程是什么？

①各采购员根据所管理的品类的复杂度和采购金额，确定重点寻源的国家；

②确定寻源的渠道，如参加当地的展会等；

③与当地供应商进行成本对标，分析低成本的根源；

④与现有的供应商进行总成本比较，考虑运费、关税等因素；

⑤确认新供应商的成本更低或创新能力更强后，采购与品管要立即到供应商处做评审；

⑥邀请新供应商参与新业务招标；

⑦每年统计并汇报亚太区供应商贡献的业绩，以便保持全员重视，并投入更多资源。

"非常棒！我会用这份报告向总经理汇报。"皮经理赞不绝口。

学习曲线

2019 年 9 月 9 日，星期一，秋风和煦，绿意盎然。

关于降本，小明一直在搜集各种不同的方法。

一次偶然的机会，小明听说这样一个概念——学习曲线，颇为新鲜。它的内容是这样的：

学习曲线是采购战略降本中的一个重要知识点，最先在美国航空工业中发展起来。它的起源是，人们发现每件产品的制造成本都随着经验增加以一个固定的比率下降。这种单位产品成本的下降与规模效应无关，原因只能归结为学习效应。一般取决于以下七个因素：

(1)随着特定产品生产经验的增长，监督减少；

(2)通过流水线作业，效率得到提高；

(3)缺陷和产品报废率降低；

(4)批量规模增加，这意味着重新调整机器的时间减少；

(5)生产设备的改进；

(6)过程控制得到改进；

(7)工程设计变动减少。

学习曲线的基本原理是：

每当一个特定产品的累计生产量翻倍时，生产该产品所需要的平均时间大约为初始阶段所要求时间的$x\%$。拿一个曲率为80%的学习曲线为例，这意味着当累计产量翻倍时，生产一个单位的产品所需要的时间只需要初始时间的80%。如下表所示：

累计生产量(件)	单位产品所需时间(分钟)
1 000	20
2 000	16
4 000	12.8
8 000	10.24

学习曲线的作用是，通过了解供应商的学习曲线，采购能够借此要求供应商降价。学习曲线在以下情况中特别适用：

(1)当一个供应商按照甲方的规格进行定制件生产；

(2)当采购量翻倍；

(3)当甲方发现供应商的报价不具竞争力；

(4)当人工费在成本中占比较大。

小明随即以符合学习曲线为由找几家供应商谈降本，多多少少能够获取一些降本业绩。

“这是一个非常有用的概念，下次开周会你给大家讲讲。”听罢小明的汇报，皮经理满意地说。

“人无我有，人有我精。这就是学习给我带来的收获。”小明心想。

唯一源供应、单一源供应与多源供应

2019 年 9 月 12 日，星期四，空气清新，秋色宜人。

刚一上班，皮经理便找来小明询问：“在上周五的管理会上，总经理问我这样一个问题：对于某一部件，我们该如何决定使用几家供应商？如果只用一家，会不愿给我们降价；一旦停供，对供应链是灭顶之灾。所以多少家最好呢？我没有想到合适的答案，只是说要调查一下再回答。”

小明略微思考，回答说：“我们可以从分析唯一源供应、单一源供应与多源供应的差异入手，来回答这个问题。”

唯一源供应(Sole source)是指因为供应商有独特的技术、工艺、配方、资源、品牌效应或在市场中处于垄断地位，采购方只有一家供应商可选的情况。这是供应链中需要极力避免而又无法完全避免的情况，需要采购方主动与乙方发展战略合作关系，以便保障合理的价格和稳定的供应。想要解决这个问题，采购方只能从选型入手，推动研发重新选型做替代。

单一源供应(Single source)是指采购方基于过去的成功经验与某供应商签订长期合同，该供应商往往具备以下特征：

(1)供应商的 QCDS 非常出色，无需考虑其他供应商；

(2)采购方订单太小，不值得分拆；

(3)集中购买可获得折扣或优惠；

(4)供应商会更积极主动；

(5)需要开模具或工装夹具；

(6)备货过程长或备货昂贵；

(7)容易安排交付；

(8)使用准时化生产、无库存购买、系统合同或 EDI(Electronic data interchange，电子数据交换)时；

(9)采购方管理资源有限，因此供应商的数量越少越好；

(10)单一供应源是建立深入合作关系的前提。

从实践经验来看，在采购方有良好的信用背书和长期合作的供应商关系的前提下，单一源供应是最优选，因为它可以把成本降到最低(前提是采购方的定商定价功能完善，能把价格在前期降到合理区间)，并鼓励供应商与采购方开展 VE/VA、早期介入等增值活动，是最理想的供应模式。

“既然这样，为什么有时还需要多源供应呢?”皮经理认为小明言之有理，于是接着提问。

“多源供应是指某一材料或部件，不止一家供应商供货的情况，原因如下：

“(1)造成竞争态势，本质上是前期没有做好定商定价，没有把成本控制好的事后补救措施；

“(2)避免意外，确保供应，如制药行业，一些药材不能只从一个地方购买，需要从多地购买保证供应。一旦一个地方遭受灾害，别的地方可以产出；

“(3)采购方具备协调管理多供应源能力，如可按事先设定的配额自动分配订单的 ERP；

“(4)避免采购方过分依赖一家采购商，如做手机的公司的液晶屏往往采用多家供应；

“(5)充分利用供应商的富余生产能力，以便获得更大柔性；

“(6)战略原因，如军工品需要多供应源，以便在战争中，当一家零件厂遭破坏或被占领后，其他零件厂可以继续供应；

“(7)政策要求使用多供应源、小供应源或少供应源。如果小或单一风险很高，多就是必要的；

“(8)采购量大，任何一家供应商都没有足够产能满足采购方现有或未来的需求。

“综上，您可以如此这般回答总经理，即在采购组织信誉良好，管理成熟度高的情况下，采购应优先考虑单一源供应，与最优供应商开展长期而又深入的合作，共享发展的蛋糕；如果采购组织的信誉不好或管理不成熟，那么可以考虑多源供应，以便反复压价或保障供应；采购要在新产品选型时提早介入，从源头避免产生唯一源供应的情况。”

“这是一个很周全的答案。”皮经理不住地点头。

供应商选择客户的偏好

2019 年 9 月 17 日，星期二，金风送爽。

“来我的办公室。”一大早，皮经理又把小明请了过去。

“上周五的管理会上，总经理对供应问题的答案非常满意，但是他又询问，为什么有的时候供应商不愿意跟我们合作，怎样能够增加我们对供应商的吸引力，这些问题你怎么看?”

小明认为这是一个供应商选择客户偏好的问题，于是这样回答：“为了确定采购需要与供应商发展的关系，我们必须理解供应商是怎样看待我们的。透过一切表面现象来了解他们想要建立的真正关系。当供应商只是寻求短期利益，我们决定与之发展长期合作关系便没有任何意义。

“通常，供应商会考虑两个变量来对客户进行分类：

“这两个变量分别是我们对供应商的吸引力和我们的采购额占到供应商的销售额的比例。

“吸引力包含能够促使供应商维护或提高他们地位的一切因素，包括：

“(1)采购量大或采购额高；

“(2)我们的品牌影响力；

“(3)付款条件和按时付款率；

“(4)利润空间；

“(5)服务客户的难度；

“(6)我们的业务与他们未来的一致性；

“(7)运营地理位置的匹配度；

“(8)他们是否喜欢与我们一起工作。

“使得我们公司有吸引力的因素有时会被低估。例如，一名采购员可能仅仅聚焦于价格和付款条件，但是对于供应商来说，合作带来的品牌影响力是更加重要的价值，尽管他们自己不会说。有时，给供应商授权，允许他们公开宣称自己是我们公司的供应商可能给采购方带来更多利益。

“我们可以使用供应商偏好工具，确定供应商出现在哪个象限。据此就能确定供应商倾向于如何建立联系，之后决定双方的关系。”小明分析道。

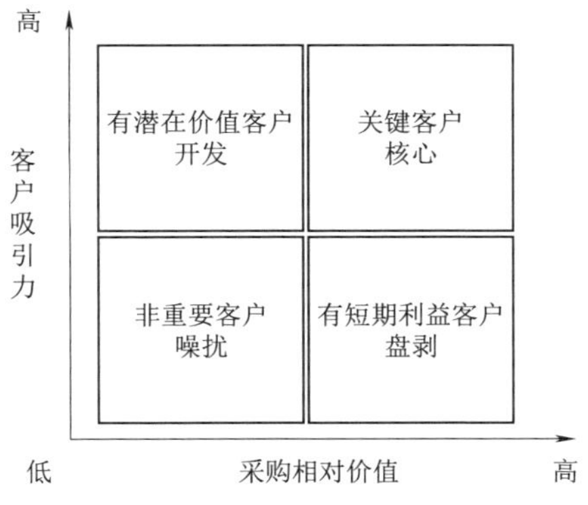

供应商偏好模型图

(1)开发：供应商把我们视为培养和发展的关系。他们会派遣最优秀的人并且通过创造价值的方式合作。

(2)核心:供应商会寻求保持他们的地位。如果他们也把我们视为关键客户,他们会建立一个双边的互利协议,供应商会确保这种关系能够长久。他们最有经验的人会跟我们对接,而且在合作中尽量创造价值。

(3)躁扰:如果我们对供应商没有吸引力,供应商对我们也就没有依赖。供应商是否有兴趣,从沟通中就能获知。当他们不担心失去我们的业务时,我们从他们那采购产品会有很高的供应风险。

(4)盘剥:我们对供应商没有吸引力,但是供应商还需要我们。供应商只会做必要的事情来留住我们,只要他们还能从这个业务中持续获利。所有与供应商建立的关系都是表面上的。

“有了以上信息,我们就能对供应商关系进行评估,同时检查是否与我们的关系匹配。如果不匹配,我们应该进行相应的调整。”小明道。

“到目前为止,你究竟读了多少本采购管理类的书籍呢?”看到小明如此博学,皮经理感到震惊。

“从入职不久,咱们的那次谈话之后,我每天坚持阅读 2～3 个小时,并且做笔记,到现在已经看了二十多本书。最近在看一些外国文献。”小明坦言。

“佩服。我很羡慕你有这么多的时间学习。自从做管理岗位之后,我的时间就全都奉献给公司了。”皮经理表示遗憾。在时间的使用上,他已经没有那么多的自由。

“我可以利用周会把自己的笔记分享出来,让大家都受益,只要您同意。”别看小明年纪轻轻,格局却很大,不怕别人偷师,反而愿意带动大家一起进步。

“好,就从明天的周会开始。”皮经理欣然同意。

Credit note（贷记单）and Debit note（借记单）

2019 年 9 月 18 日，星期三，天高云淡。

“今天跟大家分享一个常识，Credit note 和 Debit note，这两个关键词常常出现在我们与国外供应商的邮件之中。每次我都需要在网上查询才能想起它们的意思，还经常搞混。”

经过整理，发现：Debit note 与发票类似，俗称借记单，是供应商开给我们的收账通知书。但它与发票的区别在于，一般用于与贸易无关的交易。比如关联公司间的互相收取费用。一般 Debit note 是不计算增值税的。

Credit note 与红冲发票类似，俗称贷记通知。例如供应商的货物有瑕疵，要给你折扣，就会给我们开 Credit note，否则我们也可以开 Credit note 给供应商。

这里有个理解问题，Debit note 和 Credit note 都源自西方，国外的增值税管理制度与我国不同。国外是自己用纸打印发票，再由授权人签字即可。所以一旦出现质量问题需要国外的供应商给折扣，供应商开个 Credit note 注明发票号即可。而在我国的税务控制下，国内供应商必须要开红字发票再重新按照折扣后的金额重开发票。

一句话总结：

Debit note 是供应商发货给客户，开给客户的付款依据，客户应该付给供应商相应的金额。

Credit note 是有退回产品时，供应商开给客户的扣款凭证，客户可以根据这个凭证从货款中扣除相应的金额。

“希望这样的梳理更加利于大家的理解和记忆。”小明的优点就体现在这里，不光读书多，还很善于总结。

提升工作效率

2019 年 9 月 25 日，星期三，万里无云。

“小明，我发现你最近工作很忙啊。怎么天天加班呢?”看到小明在下班后还不离开办公室，皮经理关切地问。

“是的，现在正处于销售旺季，我感觉自己 80%的时间都在救火，却看不到很好的成果。”小明挠挠头。

“你认为问题出在哪呢?”皮经理善于通过引导别人思考问题找到答案。

“往往是因为前一步没有做好，后一步就会受到影响，导致整个工作不顺利，工作效率低下。”

“我给你出一道题，分析一下效率不高的原因，并找到解决办法。”皮经理说道。

几天后，聪明的小明向皮经理汇报：“我总结了十个方法，可以有效提高工作效率。”以下是小明的报告。

(1)减少供应商不接受标准合同的概率。

场景:

采购员无论与供应商,还是与公司法务,商谈合同条款的效率都是很低的。往往甲乙双方僵持不下,直到项目马上启动,才有一方妥协。采购员夹在中间既没有价值又耗费时间。

方法:

可以在询价时,将接受标准合同作为供应商准入的条件。

(2)减少供应商后续交货和罚款争议的可能。

场景:

公司有时只与供应商签署商务合同,没有约定交货的频次、质量要求、产能保障等后续的要求,没有界定罚则,导致采购员浪费大量的时间处理后续事宜,而且往往没有好的结果。

方法:

确保对供应商的绩效要求和处罚条款都具体明确地写在合同里。

(3)规避供应、需求、过程、控制和环境相关的风险。

场景:

公司没有风险规避措施,导致采购员围绕交货、质量、产能、环保等问题到处救火;在大量浪费时间的同时,问题还会反复出现。

方法:

针对不同的风险可采用有针对地规避方案。

不同风险的规避方案表

常见风险	规避方案
供应商产能不足	定期做产能调查
原材料涨价	合同约束、套期保值
供应商质量不稳	审核、考核、更换
供应商交货不稳	安全库存、渠道现货
供应商运力不足	制定紧急运输方案
清关风险	货代、清关公司
劳动力不足	劳务外包
环保风险	定期检查
需求激增或骤减	定期调整预测和安全库存量
地震、火灾	开发备用工厂

(4)让供应商提出降本的建议或方案。

场景：

在供应商无法满足年降目标或新产品的预算时，采购会花费大量时间与供应商谈判，这其实是在浪费时间。

方法：

采购员把要求明确的提给供应商，之后给供应商一个思考的时间，让供应商告诉采购员何时能提交建议或方案。这比采购员深陷其中大有效率。

(5)建立应该成本模型或从第三方购买数据。

场景：

很多时候，采购员不知道市场价格是多少，只能找多家供应商反复报价、比较价格、多轮谈判，这样会造成了大量的时间浪费。

方法：

建立应该成本模型或从第三方咨询机构购买数据。

(6)要求供应商提交总拥有成本报价，而不是单价。

场景：

对于使用不同材料的物品，如果只比较单价缺少实际意义，但采购员又想不出别的方法，只能花费大量时间在价格分析上。

方法：

对于这种品类，例如设备，要求供应商提交总拥有成本报价。

(7)使用 ABC 管理法。

场景：

采购员永远不可能有足够的时间把所有事情做到最好。怎么样利用有限的时间做到最大产出，是个关键问题。

方法：

利用 ABC 物料分析法，把降本的精力放在占 70%的采购额的 10%的物料上。针对要解决的各种问题，优先解决前 70%的情况。

(8)给供应商足够的吸引力。

场景：

如果供应商不重视公司，或者不打算长期与公司合作，很多提高效率的方法都不灵。

方法：

维护与供应商的关系，对瓶颈供应商要做反向营销，主动倾听供应商的需要，不要假设自己了解供应商的期待。要学会倾听、记录、复述和肯定供应商。

因为除了利润，供应商还可能需要：

①进入某一领域的敲门砖；

②用降价换来账期的缩短等。

(9)更加准确频繁地下发采购计划。

场景：

公司的预测不准或下发不及时，常常是供应商无法按时备料的原因，导致采购员时时救火，问题反复发生。

方法：

采购员要想办法促进计划员与供应商的沟通与协作，把计划做得更加准确，尽早下发给供应商。

(10)适当休假，劳逸结合。

场景：

身体疲劳，注意力不集中，上班瞌睡。

方法：

经过长期的加班，如果采购员已经身心俱疲，不如适当休假，来日再战。

“嗯嗯。很系统很全面。期待你在下次例会上与大家分享，一起提升效率，而不总是加班。别把身体搞垮了。”皮经理对小明的分析报告十分满意。当然，他更关心小明的身心健康。

05

第五章

学会管理供应链

随着采购管理能力的全面提升，在从事战略采购管理工作接近一年的时间里，小明为采购部先后完成了市场分析、供应商管理、跨部门降本、全球寻源等战略任务。之后，皮经理决定派遣小明学习供应链管理知识，并把一些跨部门的供应链优化任务交给小明，意图经过短暂的培养，使得小明有能力从采购管理走向供应链管理，为天波公司创造更多的价值。同时，由于对小明的进步速度感到惊讶，皮经理开始有意培养小明成为自己潜在的接班人。

那么，从采购管理走向供应链管理的小明，又将学到哪些知识，面临哪些挑战呢？

如何衡量企业的竞争力

2019年10月8日,星期二,秋风渐凉。

“小明,有空吗?来一下我的办公室。”上午,皮经理把小明请来,随即递过去一份资料。

“这是姜珏老师的《供应链管理实战:构建持续优化供应链的能力》的课程简介。我知道你一直在阅读他的专著。如果有兴趣,可以报名听听,费用由部门出。”皮经理的态度温和,是一种商量的语气。

“太好了!”小明的兴奋之情溢于言表。

“之所以派你出去学习,是因为在上周五的管理会上,总经理要求采购部主导供应链的优化工作。也不知道总经理从哪里听到的,说供应链管理是公司发展的三驾马车之一。我自己实在没有时间外出学习,所以派你出去。学完之后,会有供应链优化的项目等着你来做。”借着小明的兴奋劲,皮经理布置了任务。

“好的,没问题。”工作两年多的小明已经深谙职场之道:天下没有免费的午餐。公司在你身上花的每一分钱,都要取得回报。

很快，为期三天的供应链管理实战培训结束。

“说说你都学到了什么?”皮经理表面客气，其实是在考验小明。

“当一家企业经营不好时，做营销的人会说企业的销售渠道有问题；做财务规划的人会说企业的财务管理有问题；律师会说企业的股权激励有问题。”小明答道。

“这个段子挺有意思，接着说。”皮经理笑了。

“其实，一家企业经营不好的根本原因很简单，就是产品不行。”

“对!”皮经理表示认同。

“姜老师说，衡量产品行不行有三个维度。”

“哪三个?”

“(1)相同的产品，你的成本是否更低。

“(2)相同的成本，你的产品是否更好。

“(3)相同的产品和成本，你的交期是否更短。

这正是供应链管理发挥的作用。其实供应链管理就在我们的身边，想要做好供应链管理，我们最应该学习的对象就是餐饮行业。”

“此话怎讲?”皮经理接着问。

“因为餐饮行业是一个历史悠久、竞争异常激烈的行业。对菜品的价格、口味、品质、温度、上菜的速度、人员的服务水平都有很高的要求，稍有不慎便会遭到客户投诉，甚至得到见诸网络的差评。

“想要满足这些要求，不同类型的饭店就需要做到极致的供应链管理，达到各自的最优性价比。例如，有的饭店是以单品为主，如酱骨头、牛肉面、麻辣烫等，那么它就是典型的低成本、少品种的供应链管理模式，以满足市场上的单一需求为主，做到价格和口味的最优性价比；有的饭店以某综合菜系为主，如粤菜、湘菜、鲁菜等，它就是典型的多品种供应链管理模式，以提升客户的体验和满意度为主；很多饭店采用拉式供应链管理，即得知客户需求（点菜）后，再制作；也有的饭店以自助餐为主，是推式供应链管理，即按照计划先把菜品做好，客人来了就有的吃。

“如果我们再仔细研究，会发现想要管理好后厨，就需要实施全面的供应链管理，如预测当日菜量（计划）、买菜（采购）、存储食材和辅材（仓储）、炒菜（制造）、上菜（配送）。而客户则或者通过扫描二维码点菜（信息系统）或者通过服务员点菜（销售），饭后可以评价菜品（客户满意度调查）。饭店老板则需要不断学习和倾听反馈，研究如何改进（绩效考核、持续改进、引领变革），定期核算赚了多少钱（财务管理）并以合适的薪资聘用合适的人（人力资源管理）。

“虽然饭店的供应链没有大型企业那么复杂，但是它们却很好地解决了如何在就餐高峰期，增加供应链的敏捷性的问题，即相互催促，敦促每个环节（洗菜、水台、打荷、砧板、炉头、上什、炉杂等）加快速度，突破瓶颈、形成高效的流水化作业，增加供应链的弹性。这一点很值得供应链管理还不到位的企业学习，虽然个人会比较辛苦。”

“拿餐饮行业来诠释供应链管理果然通俗易懂。”皮经理点点头。

“但问题是，企业不能永远停留在互相催促的低供应链管理水平，否则迟早会被市场淘汰。一家企业想要优化供应链，首先要提高人对供应链管理的认知，提升人的综合素质，才能切实加强内外部供应链的协同。这既需要企业拥有优秀的人才，又需要对人才有很好的培养机制。”

“有道理，看来与采购管理相比，供应链管理要更加深奥，道路也更加漫长。”通过小明的介绍，皮经理也有所感悟。

“今天先谈到这里，我有个会议要参加。明天利用部门周会，请你接着分享学到的供应链知识。”皮经理意犹未尽。

什么是供应链

2019年10月15日，星期二，一叶知秋。

“到底什么是供应链？”在周会上，小明首先向大家提出问题。看到一片寂静，小明接着说：

“百度百科给出的答案是：供应链（Supply chain），是指生产及流通过程中，涉及将产品或服务提供给最终用户活动的上游与下游企业，所形成的网链结构。

“这听上去就是一句正确的废话，就像一名乘客在高铁上询问乘务员：我现在在哪里？乘务员头也不抬地回答：你在高铁上。虽然这是一句最为妥当而且永不过时的答案，但是这并不是乘客想要知道的。乘客想要知道自己在哪一站，距离目的地还有多久等信息。

“其实在我看来，供应链无处不在。

“只要有需求，就会有供应。这就像是硬币的两面，不可分割。随着人们的需求从单一化发展为多样化，供应链也在由简单变得越来越复杂，以便不断满足需求的变化。”看来小明已经入门了。

“有道理。”小李不住地点头。

“所以供应链是包罗万象的，这个世界上一切存在的事物都与供应链有关。”小明补充。

“怎么理解呢?”小李问道。

“例如时间。如果没有时间的概念，供应链怎么保证及时性呢?

“例如数字。如果没有数字，拿什么来统计库存呢?

“例如保险。如果没有发达的保险制度，供应链的不确定性就会增大。

“例如教育、信息技术、商业法规、供应链金融等都对供应链的全球化扩张和满足越来越复杂的需求起到关键性的作用。

“所以，我们不能把供应链的概念从其他学科中完全剥离出来，把它仅仅理解为一个物资流转的网络。

“想要管好供应链，需要从方方面面不断寻求改进，比如关注新的 IT 技术，学习最新的供应链管理方法，甚至提升自己的软技能和领导力，这些都会对供应链起到优化的作用。”

“我总算对供应链有了较为清晰的认知。”小李叹服。

“接下来请大家仔细思考，为了提升企业的供应链管理水平，我们需要在哪些方面努力呢?”小明卖起了关子。

“库存、交期、最小起订量、账期。”小李是部门少数比较活跃的员工，勇敢地说出自己的答案。

“很对，此外，还有库存周转率、产能、利润、成本等。”小明补充道。

“原来供应链管理与这么多的指标有关!”小李感叹道。

因为小明的乐于分享，不知不觉间在同事中建立起了威望，小李对小明的认可从好感逐渐发展为钦佩。

高库存是万恶之源

2019 年 10 月 22 日，星期二，秋风瑟瑟。

随着对供应链管理理解的不断加深，小明发现很多供应链问题的指向，都多多少少与高库存有关。

在供应链管理中，为了满足客户立即拿到产品的需要，公司往往需要准备一些安全库存。而安全库存的多与少，往往决定了一家企业的竞争力。所以，高库存往往被视为供应链管理的失位。

关于库存的利弊，有一个形象的比喻，它就如同水的流动。在水道中，水不总是匀速流动的；如果是在深潭中，水可能会被困住；有时在岩石的阻挡下，水也无法继续流动。

在上述隐喻中，水道隐喻了供应链管理中实物和信息的流动，深潭隐喻库存，岩石隐喻不良品、返修品、修改订单等容易造成供应链波动的不良因素。如果一个水道想要快速流动，那么岩石就需要被及时清理掉。为了做到这一点，就必须把水位降低（即把安全库存量降低）才能让岩石暴露出来。

库存有时会掩盖一些基本的供应链管理问题，使得这些问题不易被察觉。因此，在供应链管理中，高库存往往被视作“万恶之源”，导致供应链管理失位。但这并不意味着任何库存都是错误的，有一些基本库存还是必要的，就像润滑剂之于发动机。关键是库存水位和数量，值得商榷。

过高的库存会占用资金，会影响销售价格，往往上游客户不会为此买单，公司自身遭受损失。因此，库存到底怎么定，是一个值得不断探讨的问题。

“实践出真知。希望尽快做几个项目好好研究降库存的方法。”在吃透了理论之后，小明暗下决心，要把天波公司的库存水位降下来。

按订单生产？真浪费

2019 年 10 月 23 日，星期三，滴露成霜。

早上，在与计划部的碰头会上，小明做了如下发言：

从表面上看，按订单生产，优势是零库存，消除浪费，是与时俱进的产物，迎合了企业的需要。因此，很多企业不顾行业特点，纷纷上马，结果不但没有带来理论上的节约，反而造成了很多人力物力的浪费。

例如，有一家泵厂的产能比较饱和，在旺季供不应求。在这种情况下，按订单生产就会造成产能浪费，而是应该事先做好计划，满负荷生产，削峰填谷。虽然某些月份会产生成品库存，但是在旺季都可以销售掉。以这种方式生产的另一个好处是，供应商会提前几个月拿到准确的预测和订单，便于订料和计划，避免了需求突增时额外产生的现货费、加班费、紧急运输费、紧急外协费等，实现了成本最优的目标。

天波公司所在的高科技领域，是一个销量非常稳定的行业，无论经济的走势如何，我们的销量都不会大起大落。在我看来公司之前一直按订单生产，给供应链增加了波动性(虽然年销量的总数稳定，但是每个月份波动较大)，使得简单的问题复杂化，增加了供应链的成本。

看到计划部决定固定三个月的预测来安排生产，方便供应商备库，也就是将按订单生产的方式部分转变为按计划生产，我举双手赞成。

其实，很多公司在选择按订单生产时都忽略了一个关键前提，就是实施按订单生产对供应链的整体管理水平要求极高，例如客户、公司与供应商的需求信息的实时联通。如果公司的供应链管理水平不高，那就只能在每个月的订单量非常稳定的前提下实施按订单生产。

如果以上条件都不具备，那还是老老实实地按计划生产为好。虽然不排除有呆料的风险，但是如果节约下来的成本大于风险，就不要去赶按订单生产这个时髦。

“按订单生产，如果实施的不好，是真浪费啊。”小明的发言获得了计划部的认同。

“难得采购部有人懂得供应链管理模式的实战知识，小明给了我们很大的信心来成功实施新的计划方法。”会后，计划部经理是这样跟皮经理说的。

如何优化交货期

2019年10月24日，星期四，秋意深浓。

“小明，刚才计划部经理在管理会上指出，有些供应商的交期太长，导致公司库存太大，你来想想办法。”随着小明展现出越来越多的供应链管理专业才能，皮经理自然而然地把一些跨部门事务交给小明处理。

“我已经分析过了，这是因为绝大多数采购员把交期的概念弄错了。”小明说。

“愿闻其详。”皮经理很好奇。

交货期到底应该怎么计算?

有的采购认为，是供应商的最长原材料交期＋排产周期＋运输周期。例如，一个组装线路板的最长原材料交期是六个月，排产周期是一个月，运输周期是一周，供应商便会堂而皇之地要求甲方提前160个工作日下发订单。

如果按照此种方式确定交期，就会只见供应商笑，不见计划部哭。

应该如何优化交期?

正确的做法是，计划部要统一制订来物计划。例如，统一规定，国内的外购件的交货期为五个工作日；国外的外购件的交货期为十个工作日(在天波公司负责上门取货的前提下)。

为了满足计划部的交期要求，毫无疑问，供应商需要针对自己的成品和长周期的零部件提前备库。采购需要与供应商签署若干月份的安全库存协议，一旦将来发生呆滞库存，这部分库存由甲方承担。这样供应商才敢事先备足库存，以便满足短交期。

之后要根据预测数量的变化来不断修订成品及零部件的库存，如每三个月修订一次。尤其是当预测数量减少时，在供应商处的成品及零部件的安全库存也要适当减少。

在产品接近生命末期时，采购可以要求供应商取消成品及零部件的安全库存，以避免产生呆滞库存。

总之，甲方想要降低己方的库存，给到供应商的交期要尽量短。同时眼观六路、耳听八方，如果发现需求端有减量的趋势，要立即减少供应商处的安全库存，避免呆滞库存。

“听起来是个好办法，你来牵头与计划部协同立项。下次开会给大家讲一下，尽快实施，我会全力支持你！”皮经理绝对是个行动派，看到优化供应链的机会绝对不会放过。

小明虽然要务缠身，但是能够实践所学的知识，是非常难得的机会，小明自然愿意主导此事。经过三个月的加班加点，绝大多数供应商都同意按此方法实施。随着交期的缩短，天波公司的零部件库存也被大大地缩减，这些变化都被财务经理看在眼里。

“能够优化供应链的采购才是大采购。”财务部经理在皮经理面前夸赞小明。

“是的，就拿优化交期来说，这是一个系统工程，既需要采购员与供应商协同，又需要采购员与计划部协同。这其中，小明体现出了很强的领导能力和协调能力，超出我的预期。”皮经理对小明的评价很高。

“小明可是你手把手带出来的，他的功劳有你的一半。你信任下属，知人善任，令人佩服。”财务部经理不由得也给皮经理点赞。

账期怎么算

2019 年 10 月 29 日，星期二，秋雨渐寒。

由于急速扩张，天波公司曾有一段时间经常无法按时给供应商付款，这在供应商间引发了一定的信任危机。

“我们一定要认真对待账期的问题，维护好公司的信誉。我们不是恶意拖欠，而是这段时间实在周转不开。因此我们需要立即重新计算可行的账期，再尽快与供应商商定。”在部门周会上，皮经理要求员工立即拿出一个可行的方案。

“小明，××项目的供应链管理优化工作是由你总体负责的，你给大家做个榜样，算一算这个项目中各家供应商应该是什么样的账期。”

“好的，我知道怎么做。”小明自信满满。

在下一个部门周会上，小明拿出事先准备好的方案，介绍说：“这个项目，天波负责送货上门，客户给我们的账期是 30 天，经过与财务确认，在绝大多数情况下，客户会按时付款，所以我们默认这个数据是准确的，否则需要预估一个缓冲时间。

“也就是说，如果以供应商给我们送货上门为起点开始计算，考虑检验和入库时间、库存缓冲时间、生产和组装时间、出库和运输时间，经研究历史数据，大约每个环节都需要 7 天，一共也就是 7＋7＋7＋7＝28 天，再加上客户的账期 30 天，也就是说我们给到供应商的平均账期是 28＋30＝58 天，再加上 2 天缓冲时间，就是 60 天。

“但问题是，我们不只有一家供应商在供货，而是十多家。其中，50%的采购额是用来买钢材和铜材。为了拿到市场上最有竞争力的价格，我们都是用现款交易，也就是 50%的采购额的账期是 0 天，那么我们只能给到其余 50%的采购额的账期是 120 天，平摊下来才能达到 60 天的账期指标。

“至于说其余供应商是否能够接受 120 天的账期，这就需要通过谈判来解决，看看最后的结果会怎样。但是从理论上讲，账期是这么计算出来的。”

“很好，大家都听明白了吗？这个算法简单明了。我要求每个人都把自己手里的项目算一算，下次开会向我汇报计算结果和控制计划。”好的做法必须要立即推广，皮经理就是这么雷厉风行。

如何通过蛛丝马迹识别客户增产的迫切性

2019 年 10 月 31 日，星期四，阳光普照。

“客户要求立即增产 50%！”下午 1 点，会议室里灯光闪亮，气氛凝重。

天波公司的销售经理坐在会议桌的正前方，公布他眼中的利好消息。

只见计划员愁眉苦脸地说：“我们的产能已经饱和，而且这个产品刚刚上市，品质不稳定，我们根本无法支持增产。”

“客户对我说，他们的安全库存即将耗尽，要求我们加快出货并缩短交期。”了解产能情况之后，销售经理做出让步，但仍在帮客户催货。

看到事情陷入僵局，考虑到客户的增产一定会打乱供应商的生产节拍，造成供应商的供货困难，代表采购部参会的小明计上心头，于是询问计划员：“请问，最近客户有从海运改空运的调整吗？要知道，如果客户真的着急，一般都会首先修改运输方式。”

“没有，客户一直在走海运。”查询近期的订单之后，计划员肯定地回答。

小明据此判断，客户实际上并没有销售经理说得那么紧迫。但是又不好直接驳他的面子，于是说：“这样吧。计划部和采购部这边都看一下我们自己的产能和供应商的产能还有多少余量，明天汇总一下，好吗？”

销售经理点点头，不像一开始那么盛气凌人了。

第二天开会，小明和计划员一起直截了当地回答，没有增产的产能。销售经理心里早有预期，并没有过多责问，而是要求计划和采购必须保证现有的交期和数量，绝不能有所延误。之后自己向客户汇报情况，解释原因，打消客户增产的念头，而不是只会把球踢给计划部和采购部。

事后，皮经理认为小明的处理方式十分精彩，于是打趣地问：“你是怎么想到通过运输方式是否改变来判断客户的真实需求的？”

“我也是灵机一动。因为我发现客户往往今天增产，明天又减产。如果我们随意妥协，会给我们的供应链和供应商的供应链造成极大的波动和浪费。所以，我们需要开动脑筋找到识别客户真实情况的方法，并且坚守自己的交期和MOQ等条款，只有这样才能控制住成本，确保稳定供应，而不是任由客户和销售打乱计划。”

“很好！下次部门例会，记得把这个方法推荐给大家。”临了，皮经理不忘让小明带动部门集体进步。

物流外包的组合招标

2019 年 11 月 1 日，星期五，寒风萧瑟。

“当、当、当。”小明急促地敲了三下会议室的大门，之后赶紧推门而入，猫着腰走到一个空座旁。会议室里的人并没有因为小明的迟到而停止讨论。

只见物流部经理面色阴沉，没有好气地对皮经理说：“现在的人工、仓储和运输成本都在上涨，面对马上要到期的物流外包合同，你们采购部还要降本吗？”

皮经理立即心领神会，心想：“看来物流部经理不希望采购部碰价格，但是如果对物流的费用没有合理的控制，一旦总经理问起来，采购部也交代不过去，这该怎么办呢？”好在皮经理经验丰富，懂得内部要安定团结的道理，意识到当务之急是先与物流部经理统一战线。于是表态说：“物流部的苦我很清楚，面对波动加剧的物流市场，一味降本是不切实际的。但是，我们也不能允许供应商任意涨价，这样总经理对我们两个部门都会有意见。”

听到这里，物流部经理猛地抬起头，是皮经理的话说到了他的痛处：“怎么办好呢?”他的语气变得诚恳。

“我们得拿出一套说得通的管理办法,无论是涨价还是降价,让它受控、透明、合理,还要留住有竞争力的供应商。”皮经理答。

“太好了!”物流部经理不住地点头。“关于细节,是你们采购部的事情,我就不操心了,敬候佳音。”物流部经理深谙职场之道,既然与采购部达成共识,便不再多问。

会后,皮经理请小明留下,交流想法。

“物流外包不同于直采间采,体现为供应商的水平和信誉参差不齐,你觉得这盘棋应该怎么下呢?”皮经理首先发问。

“的确。如果我们只是搞一个大包招标,以最低价中标,通过合同锁定一年价格,只会导致优秀供应商离场。而且一旦市场运力出现风吹草动,所谓的最低价一定保不住,到时候供应商会强行涨价,采购会很被动。”小明深思熟虑。

“很高兴你能想到这一层。”皮经理用赞赏的眼光看着小明,不住地点头。

“这事我需要调查一下,跟供应商多聊聊,想出主意后再向您汇报。”小明回道。

回到自己的座位,小明赶紧给几家第三方物流外包公司打电话。令小明崩溃的是,大多数老板的口头禅是:“我的成本就在这里,你说多少钱就多少钱。”

“我说挣一块,你就挣一块?”小明打趣地问。

“我只挣辛苦钱,剩下的……”

“打住!”小明已经很不高兴了。“请你诚实地告诉我,关于仓储、陆运、海运和空运的费用,一旦报价,能锁定多长时间。”

“这个好说,仓储费的成本就是仓库租金、人工和管理费,这一块很固定,可以锁定一年的价格不变。陆运的成本变动因素主要是油费，可以每三个月根据油价进行调整。海运和空运跟运力有关，波动真的很大，这个最多只能锁定两周的价格。”

小明边听边画，很快完成了如下表格：

各费用锁价周期

物流外包费用	锁价周期
仓储费	1年
陆运	3个月
海运、空运	2周

针对这一特征，小明很快拿出对应的招标方案。首先，入围的供应商都是提供仓储和运输一站式服务的第三方物流公司。关于仓储费，采取价低者得的方式定标，锁价一年；关于陆运，在提供一年合同的前提下，可以根据油费的变动，在每个季度相应地调整运费；最难解决的问题是海运和空运的价格管理，在运力剧烈变动的情况下，如何决定供应商呢？

经过与皮经理讨论，最后可行的办法是，按票招标，即每一票海运与空运都单独招标。为了让负责仓储和陆运的供应商有利可图，给予它在合同期内无条件的入围权。再通过招标另选两家有价格竞争力的物流商，给予一年的“入围海空运协议”，这样每次都能做到三家比价，择优选用。

这套组合招标策略，既符合实际情况，又兼顾供应商的利益，达到了对价格有效控制的目的，一经提出，立即获得了物流部经理和总经理的赞誉。

此事也让皮经理对小明另眼相看。“看来，小明再也不适合做采购员了。”想到这里，皮经理欣慰地笑了。

采购如何增加企业的现金流

2019 年 11 月 4 日，星期一，树叶凋落，已是深秋。

天波公司的财务经理是个女学霸，非常看重财务指标，在工作中十分较真。这不，看到近几年天波公司的现金流有所下降，便主动找到采购部的皮经理商量对策。

“你看，从近三年的数据来看，我们的库存金额略有上升，平均账期略有下降，这个趋势很不好，会影响到公司的现金流。”

“这不是因为公司在扩张吗。再加上采购部每年都要降本，就无法兼顾库存和账期。”皮经理说话太直，没有考虑到财务经理的感受。

财务经理的脸色有些阴沉，顿了顿，问：“你说完了？该我说了。”

“请讲。”

“越是扩张，越要保证现金流的安全。是不是？”

“是。”

“你也知道，很多公司现金流断裂，就是因为在快速增长时财务管理不善，例如小黄车 ofo。”

“是的。”皮经理非常认同财务经理的说法。

“你看销售这三年的表现，从趋势线来看，我们的应收账款也在增加。如果应付账款不能相应地增加，库存金额不能相应地下降，我们的现金流迟早要断裂。”

“那你去找销售解决啊。”皮经理心想，但是不能当着财务经理的面说出这么不合群的话。

“销售经理年底恐怕要走人了。”财务经理小声地说。

“为什么啊？干得好好的。”皮经理感到很震惊。

“有一笔尾款长期收不回来，导致总经理的压力很大。如果销售经理不走，就得总经理走，明白吗？”

“压力这么大了？”

“是的。”

“哦哦，那得想办法增加现金流。”

“算你反应快。”

此刻，皮经理已经感受到了巨大的压力。“我会跟部门讨论一下，回头再跟你说说。”

“好的，这可是跟咱们整个管理层的绩效挂钩啊。”

“是、是。”

第二天，皮经理召开部门周会，专题讨论如何增加应付款，降低库存金额，从而帮助公司增加现金流。

“还有多大空间延长供应商的账期？”皮经理环视大家，首先提出问题。

“恐怕没有空间，这几年我们把平均账期从 58 天延长到 95 天，剩下的都是进口件，外国供应商不能同意，而且还会影响谈降价。”小明首先发言。

“嗯，我也是这么看的，那么，还有什么可以做的呢？”皮经理继续进行启发式提问。

“其实，我首先想到的是与供应商签署更多数量的备库协议，它的好处是把公司的零部件的安全库存直接降为零，就是降低在库金额。当然，天波公司需要为供应商的库存承担责任，如因设计变更或项目结束产生的剩料，天波公司需要买单。”小明继续道。

“这是一个好方法，之前我们已经做过一轮，有效果，我同意。大家还有什么好的想法吗?”皮经理扫视一圈，把目光停在小李那里。

“我想到的也是库存协议，既然小明已经说了，我就补充一下，可以缩小MOQ，其实也是增加供应链的弹性，减少余料，降低库存金额。”

“很好，任何主意都是好主意，这是头脑风暴的精髓。我也给大家补充一点。还记得年初来公司拜访的××银行吗？他们当时介绍了一款金融产品，供应商只需要牺牲1.5%的订单金额，就可以在24小时内从银行拿到款，而天波公司只需要在4个月之后按订单金额支付给银行即可，这是不是一个很好的延长账期、增加应付款的方法呢?”皮经理说道。

“是啊!”小明和小李豁然开朗。

“所以我们需要为供应商算一笔账，是银行贷款的利息高，还是供应链金融的利息高？答案肯定是供应链金融更划算，是吧?”

“对对，我会与供应商聊聊，建议他们使用供应链金融服务。”小明表态道。

看到没有人再提出好的建议，皮经理开始总结性发言：“很好，我们在短短的一个小时之内找到了三个可行的办法，分别是：

“(1)与供应商签署更多的备库协议；

“(2)减少最小起订量；

“(3)推广供应链金融服务。

“相信很快我们的财务数据会变好，现金流的压力会得到缓解。这都是采购部给公司做出的贡献。感谢大家的努力!”

“没有财务的提醒，我们可能只会盯着日常的那些工作，不会往这些方面去想。今天我也学到了很多，尤其是供应链金融服务。”小明感慨道。

“接下来给你一个任务，与××银行对接，尽快实施供应链金融服务。”看到小明很投入，皮经理见缝插针，适时地给他安排任务。

供应链金融服务

2019 年 11 月 8 日，星期五，天寒、降温。

既然在周二的部门会议上，皮经理提到了供应链金融服务，小明便立即与××银行取得联系，全面了解使用供应链金融服务的收益和操作方法。

银行的专员姓杨，耐心地向小明介绍道：“为了有效促进供应链管理的发展，缓解甲乙双方的资金压力，供应链金融服务应运而生。”

以下是使用供应链金融服务的前提、收益和操作。

1. 前提

甲方需要在信贷方面具有很好的信用背书，包括：

(1)经营规模；

(2)盈利状况；

(3)银行信用；

(4)现金管理。或者有抗跌价的存货质押。

"以上这些条件天波公司都已具备，我行愿意签署供应链金融服务协议，以便提供服务。"银行专员说道。

2. 收益

天波公司：

(1)改善运营资本；

(2)增加应付款(延长账期)；

(3)增加现金流(可用于其他投资)。

供应商：

(1)改善运营资本；

(2)降低应收款(低息贴现)；

(3)增加现金流(无须垫款)；

(4)降低坏账率；

(5)无须抵押物。

3. 操作

目前，供应链金融服务的操作流程已经极为简便和透明，体现为：

(1)价格透明，除贴现利率外，无其他费用；

(2)网页操作，无须安装系统；

(3)可选择自动化贴现操作；

(4)无须在供应链金融服务方另行开户。

具体的操作步骤如下：

(1)采购方向供应商下发订单；

(2)供应商发货(EXW)或甲方收货(DAP)；

(3)供应商开具发票；

(4)采购方核准订单与发票；

(5)采购方在供应链金融服务网页上传电子文件；

(6)供应链金融服务方邮件通知供应商；

(7)供应商决定自动(以后不需要通知)或在线申请贴现；

(8)供应链金融服务方安排付款(扣除贴现费率)，24 小时内到账；

(9)采购方到账期后按订单金额支付银行；

(10)如供应商未申请贴现，则订单付款日到达后，由供应链金融服务方按订单金额付款。

以下是用户普遍关心的三个问题：

1. 供应商的融资费用

(1)贴现利率。

一般按照一年期 LPR 值(由央行公布)+固定费率(取决于采购方的信用背书)。如，以 2019 年 10 月 21 日公布的一年期 LPR 值(3.85%)+0.85%=4.7%。

(2)贴现利息。

待贴现金额(订单金额)×贴现利率×提前回款实际天数(以供应链金融服务方的实际付款日为准)÷360。

2. 供应商需要准备和签署的文件

(1)供应商融资协议。

由供应商和供应链金融服务方共同签署。供应商可以向供应链金融服务方申请贴现，并同意将该应收款项下的权利转让给供应链金融服务方。

(2)供应商执行文件。

作为供应商融资协议的附件。包括系统设置所包含的信息和技术细节，如供应商的银行账户信息、联系方式和系统账户等。

(3)供应商公司文件。

营业执照、贸易授权书、身份证或护照复印件(法人和授权签字人的)。

(4)其他文件。

密码增信函、增值税发票信息和应收账款登记协议等。

3. 供应商的常见问题

(1)必须以整个订单金额申请贴现吗？可否分拆？

回答:不能分拆。

(2)对于账期有何要求？

回答:供应链金融服务方只根据提前回款的实际天数执行,但是采购方可以要求,比如只有账期 120 天以上的供应商才能享受供应链金融服务,否则采购方的收益不明显。

(3)一旦开始服务,可以选择哪张订单贴现、哪张不贴现吗？

回答:可以。只要在线申请时不选择自动贴现即可。

(4)订单和发票到了采购方后,采购方多久会提交到供应链金融服务方？己方是否需要对这段时间贴息？

回答:这段时间完全取决了采购方自己,经验值是 7～14 天。不需要供应商贴息。

例如,账期 120 天,采购方核对订单和发票用时 14 天,则贴息天数是 105 天(120 天－14 天－1 天)供应商决定贴息和供应链金融服务方的付款时间。

“很清楚,我会传达给天波公司所有的供应商,有问题再联系!”小明终于完完全全地明白了供应链金融服务到底是怎么一回事。

牛奶车协议

2019 年 11 月 13 日，星期三，晴朗无风，天气渐冷。

“小明，我最近新项目做得很不顺心，四处求人，大气儿也不敢出。”小李最近负责一个新项目，因为项目刚刚起步，供货量没有优势，供应商碍于天波公司的名气，不好意思直言拒绝，但对这个项目表现得很敷衍，配合度不高。

“换位思考一下，如果你是供应商，你会把主要精力放在咱们的新项目上吗?”小明反问小李。

“当然不会，供应商都喜欢量大、事儿少、钱多的主儿。”小李打趣道。

“这个问题困扰你多久了？你有没有想过其他解决方案?”小明问。

小明是一个“恨活儿”的人，活儿压在自己的手中不解决，就如坐针毡，夜不能寐，会想方设法都要解决掉。

“也想过，起初我先稳着供应商，给供应商“画饼”，说我们以后有很大的量，前景是如何的好等。毕竟天波公司名声在外。这个办法刚开始时还好使，但是订单一直没有起来，和销售人员沟通后，他们都不建议备货，因为市场不确定性太高，担心备的库存无法消化。久而久之，供应商吃不到饼，积极性就很低，我的工作也很难开展。”小李沮丧道。

“画饼只是权宜之计，并不适合持久战。”小明说。

“所以我现在是手忙脚乱，从生产性物料到设备配件都在求人，哎，头大。今年的降本任务是完不成了。”小李又丧了起来。

“通用配件可以和我这边一起，前阵子我们刚搞了个‘牛奶车协议’。咱们零配件的80%基本上都在配件市场购买，之前是配件市场多家对我们一家。时间久了，他们就觉得订单少，有时候跑一趟还不够油费，更别说人工费了。但是你也知道，零配件不可预测性太强，除了备库存的极少数之外，临时订单很多，也很急，而且一旦缺货，很容易造成停机。我想着这件事不能一直恶性循环，于是将他们几个商家联合起来，几个商家每周轮流出车配送，我们提前下单，需要发货的商家就定时放在'牛奶车'里，值班的商家收集好各家货之后，定时配送到我们公司。这样大大节约了商家的物流成本，也提高了积极性。"小明说。

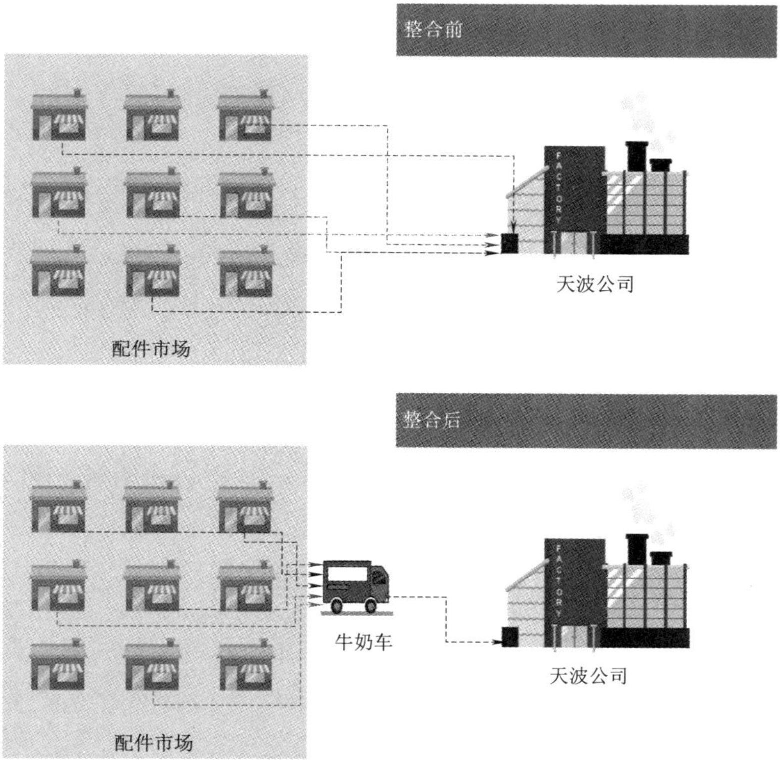

牛奶车实施前后的示意图

“太棒了，这确实是个双赢的好主意，我这边的配件也可以加入你们的‘牛奶车协议’，这样，零配件这一块就省去了很多成本。”小李说道，同时心中也卸下了一块石头。

“那生产性物料这一块你有何高见?”小李继续问道。

“还记得联合采购吗?”小明笑着启发小李。小李恍然大悟，使劲点了点头，对小明佩服不已。

我要加人

2019 年 11 月 18 日，星期一，天气晴朗。

“经理，我认为采购部需要再招两名采购员。”一大早，小明便急匆匆地来到皮经理的办公室，开门见山地说。

“要人可以，原因呢?”皮经理讲话不急不缓。

“随着公司业务扩张，MRO 这边人手确实忙不过来。我粗略估算了一下目前 MRO 采购的工作时间占比：40%是用来和使用部门对接需求，25%用来寻源，25%用来跟踪订单，10%用来做供应商管理。”小明深知目前人工成本较高，向公司申请加人不容易，所以前期做了大量的调研工作。看着那几个

MRO 采购员下班后仍然要坚守岗位加班几个小时，小明很想帮助他们减轻负担。

“你仔细想想，你说的这些流程，哪些时间是可以被精简的？”皮经理问。

“这个问题我反复思考过，并且通过内部流程的优化节约了一些时间，例如：规范了请购流程，需求部门由原来的随时需要随时买，变成非紧急一周一买；之前也联合供应商搞了‘牛奶车协议’，减少了 MRO 采购员往返五金市场的时间。其他的时间真的是挤不出来了。”小明愁得徒增了几道抬头纹，这与他的年龄有些格格不入了。

“MRO 确实是一个比较头疼的问题，金额占比 20%，但是耗费的人力物力却有 80%，这与生产性物料的‘二八法则’倒是完全相反。”皮经理也深知 MRO 采购的难处。

“可不是嘛，而且最令人头大的是需求部门人员水平不一，请购单写得五花八门，同样的物料小马写成 A，小刘写成 B；或者小马今天写成 A，明天又写成 B。有的专业性强的人会写得清清楚楚，包括型号和品牌。但是绝大多数描述得很模糊，没有型号没有品牌；负责任的会提供给我们实物，不负责任的就什么都没有。”小明挠头道。

“当问题想不通的时候，就要想着打破固有思维，跳出圈儿再想一想。”皮经理引导着。

“跳圈？”

“你会网购吗？”皮经理问。

“当然了，现在很多东西都是网购的，连老太太都会。”小明心想皮经理怎么又扯到电商上去了。

“那你在网上选购时，是不是很明确自己的需求？”皮经理接着问。

“也不是，刚开始也是模糊搜索，后来根据店家的推荐图片会越来越清楚自己的需求。”小明不知道皮经理寓意何在。

“是的，比如我搜索一个台灯，网页就会出现很多台灯的图片供我选择，然后随着浏览各种商家的介绍，我会发现：原来黄色光源更适合放在床边，40W 已足够满足我的使用需求，白色与家中装修风格更搭配。于是我拍下了某品牌的某个型号。你看，我从一个需求模糊的人到最终选型成功，是不是全部自己完成？”皮经理举例说明。

“是的，皮总。关于如何帮助需求部门精准选型，我也做了功课。前阵子，我收集了各种选型手册，从五金工具到劳保用品甚至清洁用具，都发放给需求部门了，而且还邀请厂家工程师也做了相应的培训。刚开始效果是有的，我们那时还沉浸在成果的欣喜中，后来没多久又打回了原形。听需求部门反馈的原因是：第一，选型手册比较抽象，需要有一定的专业基础才能读懂；第二，选型手册由多家供应商提供，型号各不相同，同一种功能的物料需要翻多家手册；第三，零配件种类太多，有很多不在选型手册里。所以采购员还是要花费大量的时间和需求方对接。”小明又挠起了头。

“说得不错，这个方法适用于生产性物料。但是 MRO 的 SKU 数量太多，这个方法就显得捉襟见肘了。和你搜集大量选型手册的逻辑异曲同工，电商也是把各种信息、各种数据进行整合，通过图片更直白地推给消费者，最终连老太太也能选到心仪的产品。借鉴 B2C 的互联网思维和模式，现在工业品也有了线上模式，你网上搜索‘工业品超市’看看有什么启发。一周后再告诉我到底要不要加人。”皮经理微笑道。

工业品超市

2019 年 11 月 21 日，星期四，寒风刺骨。

之前吃过的一次亏令小明记忆犹新，所以这次小明在电商的选择上更加谨慎，只想选择国际知名的大公司，而不是小贸易公司，而且仅限于供应商擅长的品类。

小明立即开始搜索“工业品超市”。原来 MRO 采购都有着相同的痛点，而工业品超市就是针对这些痛点，逐一攻破。

某工业品超市的主页面

先从选型上来说，工业品超市提供了比选型手册更为专业的选型办法：

(1)品类更专业更详尽；

（2）搜索更方便；

（3）图片具象化，选型专业且便捷；

某工业品超市轴承的选型页面

（4）大数据支持，厂家品牌选择性更多。

轮廓图/照片	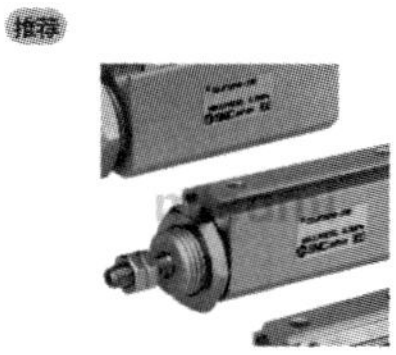 针型气缸双作用、单杆 CJP2 系列	 针型气缸单作用/伸出型 CJP 系列	 笔形气缸 PB 系列基本型
品牌	SMC	SMC	亚德客（AirTAC）
气缸内经 D	6	6	6
行程 L	10	10	10
活塞杆动作方式	单杆	单杆	单杆

某工业品超市根据气缸的输入参数，输出的产品选项

当然，工业品超市在选型方便的优势还不仅仅是以上列举的这些，经过大量的价格对比，小明发现工业品超市的价格是低于目前合作的五金市场的，甚至低于目前合作的一级代理商和原厂价格。这是因为工业品超市有着资源整合的巨大优势。通过工业品超市，MRO 采购员就省去了大量的寻源时间。

那订单和供应商管理的时间如何节约呢？

小明找了几家工业品超市的负责人进行了洽谈，了解了情况之后，也和公司信息化部进行了深度的沟通：这几家工业品超市都可以与公司系统相连接。系统打通之后，需求部门可以直接在系统内选购商品。下单→工业品超市发货（物流信息全程可见）→需方仓库扫码入库→系统生成对账单（双方账单一致）→需方结算。而且全过程可追溯，并为供应商绩效管理提供了便捷的数据支持。

小明捋清思路之后，再次来到皮经理的办公室："经理，我需要您的支持。"

皮经理笑着说："小明，你一周前也是这么说的。咱能不能换个开场白？"

小明也笑了起来："跟啥人学啥人，您是直肠子，我这个做下属的自然也拐不了弯儿。"

皮经理说："比起一周前的愁眉不展，你这次倒是看起来心情不错嘛，怎么着，觉得 MRO 采购不需要加人了？"

小明忙摆手说："不要了，不要了，没准儿还能给您省几个呢。"

接着，小明向皮经理汇报了关于工业品超市的想法。皮经理很是满意，对小明说："小明，关于工业品超市的事情，按照你的想法立项吧。这个项目由你全权负责，期间如果需要什么支持，尽管来找我。"

小明立即笑着说："yes sir！"同时做了一个立正敬礼的手势。

智能小仓库

2019 年 11 月 29 日，星期五，晴空万里。

一个月后，工业品超市项目实施成功，获得了公司上上下下的一致好评：需求部门用最快的时间选到了自己想要的产品，而且价格透明，对自己部门产生的费用笔笔清楚；采购部门节约了人力物力；仓库通过扫码入库，节约了大量的单据输入时间，而且入库更精准；比起之前五金市场的开票不规范的情况，工业品超市提供的都是增值税发票，公司也有更多的进项税抵扣……

而小明并没有沉浸在如潮的好评中，“有哪些时间还可以节约呢？有哪些资源还可以整合呢？怎么做才能更好呢？”小明自问但无法自答。

“如果物流能够更快些就好了。”一个同事在吐槽“双十一”期间虽然价格低廉但是物流过慢的问题。

“对呀，如果能够更快些就好了。”小明开启了自答模式，之前和当地五金市场合作，当天就可以到，工业品超市是线上商城采购，大多走的是物流或者快递，需要 2～5 天的时间。如何才能“更快一些呢？”

“对，寄售模式。”

小明又找到了几家工业品超市的负责人，就“寄售模式”进行了深度的交流。其中有一家在做智能小仓库，与小明不谋而合，随即决定以天波公司为样板试点，开展深度合作。

某电商平台提供的智能小仓库

智能小仓库的主要优势有以下几点：

(1)取替了部分仓管的工作。

①出库：需求部门可以凭智能卡领取智能小仓库中的常用配件。智能小仓库每个库位有智能感应功能，可以根据输入的信息进行匹配出库。

②入库：智能小仓库自动匹配库存信息，自动补货。

(2)智能卡可以将出库信息上载至系统，便于财务成本核算以及梳理应付款账目。

(3)智能小仓库是寄售模式，需方根据实际领用进行结算，对需方而言加快了库存周转，同时也释放了更多的流动资金。

一个月后，皮经理模仿着小明的口吻说道："小明，我需要你的支持。"

小明一愣："经理，咱能不能不皮，有事儿您说话。"

皮经理乐了："通过验证，线上系统与电商平台对接，线下智能小仓库的模式有效地解决了天波公司 MRO 采购的痛点，现在关联公司也需要你的支持，你要将样板复制到各个关联公司去。"

小明笑着说："没问题！"

需求管理

2019年12月5日，星期四，天气阴沉沉的。

虽然工业品超市和智能小仓库项目的成功实施，为采购部带来了显著的效率提升，解决了部门人手不够的难题，但是想要彻底解决MRO的采购痛点，提升MRO采购的绩效，这些还远远不够。

问题还要从源头进行梳理，有句话说得好，没有买就是省。对应MRO采购工作，就是说采购应该向前一步，对采购需求进行管理，这样才能创造更多的绩效。

如何管理使用部门的需求呢？这是一个很现实的问题。

经过几天思考，小明发现使用部门的主管，虽然对请购单进行了审批，但实质上就是签个字，并没有仔细考虑每个需求是否合理。于是小明想出了一个行之有效的方法，就是要求部门管理者填写“需求管理表”，包含以下八个方面内容：

(1)真的需要吗？

(2)公司内有替代品吗？

(3)能向公司内部借用吗？

(4)能够通过共享而不是外购满足吗？

(5)规格型号是否合适？

(6)为什么是这个数量？

(7)有什么样的投资回报？

(8)一定要现在买吗？

实施需求管理一段时间后小明发现，的确有一些MRO采购需求得到规避，例如维修部之前频繁购买的对讲机，以便在厂区内（有些地方手机信号不好）进行实时沟通。在实施需求管理之后，他们会跟生产部借用对讲机，而不再是想申请就申请。

做完需求管理，小明又提出要限制需求部门对接采购部门的人数，规定每个部门只有 1 个人与采购部对接，负责需求申请、物料追踪等事宜。

“没问题，这些使用部门取消掉的采购额都算作采购部的降本贡献。”看到小明提交的报告，皮经理立即表示认可。

如何审核 MRO 类供应商

2019 年 12 月 18 日，星期三，下起了小雨。

随着工业品超市、智能小仓库和需求管理的成功实施，天波公司的 MRO 采购管理水平终于上了一个台阶。当前存在的最后一个 MRO 采购管理问题，是 MRO 类供应商的准入问题。

针对直接材料的供应商开发，天波公司有着完善的跨部门审核流程，包括供应商的自评、成本竞争力调查、正式审核流程等；但是针对间接物料的供应商开发，由于没有一个明确的审核流程，时不时地会发生一些问题，比如有个别供应商拿到预付款就跑路或者供应假货等。还有一个很现实的问题是，好多使用部门都在推荐水平参差不齐的供应商，并质问采购部为什么不用，这让 MRO 采购工作常常陷于被动。为了有效解决这些问题，皮经理责成小明研究一套 MRO 供应商审核办法，既要考虑效率又要兼顾风险。

分析发生过的问题之后，小明提出审核思路。首先，MRO 类的供应商不需要像直材那样审核，一是他们没有工厂，二是公司资源有限，没有必要跨部门审核 MRO 类的供应商。经过仔细斟酌，小明推荐如下流程：

(1)供应商需提交营业执照复印件，采购员需要考察其营业范围是否与所购物资相符；

(2)采购员需要到网上调查该供应商的资信情况，尤其是诉讼的过往，如果有小额贷款公司诉讼，则说明其有财务风险，不能使用；

(3)采购员应该到供应商的办公室访问，核对其注册办公地址与实际办公地址是否一致。如果发现不一致，需要供应商说明原因，以防有皮包公司借用其他公司资质冒名顶替的现象；

(4)该供应商是否有原厂的代理资质，除了供应商自己提交资质证书外，采购员需要与原厂核实，以防伪造资质证书；

(5)该供应商需提供接口人的有效劳动合同和授权书，证明非挂靠；

(6)该供应商能够提供什么样的售前和售后服务，这是供应商的优势，需要提前获知，以便在相同条件下优中选优；

(7)该供应商的询比价结果以及价格具有竞争力的原因是什么？比如该物资的走货量大，可以从原厂拿到较大的折扣等。

采购员需将以上信息填入“非生产性物料供应商审核表”中，经部门经理签字后，方可将供应商纳入合格供应商名录，允许供货。

“这套流程比较周全，可操作性强，就这么办吧”皮经理十分欣赏小明的才干。

供应商的期待

2019 年 12 月 24 日，星期二，天寒地冻。

又到了每周二的供应链管理知识分享时间，小明特意准备了一份很特别的内容。

“我们往往认为自己清楚地知道市场和客户对我们的期待，是否有人梳理过供应商对我们的期待呢？”

这是一个对于采购来说很有意思的话题，因为采购既要为客户服务，又要兼顾供应商的利益。想要面面俱到，需要明确各方的期待都是什么。

首先从订单、信息、绩效、关系、价格、质量、交付、数量、时间、地点、付款条件等十一个维度思考，分析客户的期待，请见下表。

各项目客户的期待

项　　目	客户的期待
订单	满足要求的产品或服务
信息	清晰的状态
绩效	提醒 （预先的建议和警示）
关系	供应商关系管理
价格	最优总成本
质量	满足用途
交付	按时按数量
数量	更小的多频次的交付

续上表

项　目	客户的期待
时间	满足供应周期
地点	根据贸易条款来定
付款条件	可谈

“是不是与我们对供应商的要求一致呢？因为在供应商面前，采购就是客户。那么，我们可曾想过，如果做一个供应商的期待调查，结果会是怎么样的呢？我之前在小范围内做了一次调查，结果跟我预想的很不一样。”小明接着说。

各项目供应商的期待

项　目	供应商的期待
订单	业务
信息	清晰地要求
绩效	反馈(绩效考核，与其他供应商的对比)
关系	公平/参与
价格	公平
质量	澄清具体要求和测量方法
交付	按时按数量
数量	按时下发数量大的订单
时间	满足生产周期
地点	根据贸易条款来定
付款条件	越早越好

“将两张表放在一起，我们可以发现甲方和乙方相互期待的不同点，以便加深相互的理解。”

供应商与客户期待对比

项目	供应商的期待	客户的期待
订单	业务	满足要求的产品或服务
信息	清晰地要求	清晰的状态
绩效	反馈(绩效考核,与其他供应商的对比)	提醒(预先的建议和警示)
关系	公平/参与	供应商关系管理
价格	公平	最优总成本
质量	澄清具体要求和测量方法	满足用途
交付	按时按数量	按时按数量
数量	按时下发数量大的订单	更小的多频次的交付
时间	满足生产周期	满足供应周期
地点	根据贸易条款来定	根据贸易条款来定
付款条件	越早越好	可谈

这张表既暗示了供应商与我们的对立面,又暗示了以下共同点。

(1)订单是一切业务的基础,驱动着整个供应网络。我们务必要将自己的需求清楚地告知供应商,毕竟很多供应商不可能知道“自己不知道的事情”。

(2)信息是需要双边沟通的,以便确保双方都能理解到位。

(3)绩效是另一个需要双边沟通并达成共识的内容。我们可以让供应商知道满意度;供应商可以让我们提前做准备。例如,某一订单如果不能及时交付,供应商应该提早举手,以便我们及早调整生产计划并与客户沟通。

(4)供应链上下游的关系:互损还是共荣,是决定供应链整体竞争力的关键。

(5)价格:如果我们能够有效衡量总成本,就应该与供应商分享利润。这也意味着供应商应该建议替代品或更优方案。这也体现了供应商期待的公平性。

(6)质量:我们要提早澄清并帮助供应商理解质量要求,供应商需要确认是否能够满足要求或者提出合理建议。

(7)按时按量交付是我们对供应商的基本要求之一。如果双方都有记录并分享出来,就能更好地理解对方。

(8)数量：订单中的最小起订量容易成为甲乙双方谈判的焦点。如果供应商能够看到需求信息和预测信息，就能更好地制订采购计划和生产计划，以满足客户更小、更频的订单要求。

(9)时间：供应商的生产周期有时会比我们的生产周期还要长。因此我们时刻要关注供应商的生产周期以及长订货期的零部件，要求供应商适当备库以缩短生产周期。

(10)地点：要视双方的关注点决定哪种贸易条款最合理。

(11)付款条件：双方需要通过谈判确定。

尽管供应商与我们的着眼点不同，为了平衡供应链内外部的需求，供应链中的各个成员都要通力合作，明白一荣俱荣、一损俱损的道理。

如果连这一点都不能做好，问题便会在供应链中逐级放大，产生牛鞭效应。

“所谓知己知彼、百战百胜。小明的这张表非常好，让我们更加理解供应商的期待。在有条件的情况下，我们应该满足供应商的期待，以便达成更好的协同，一起优化供应链。”皮经理很支持小明的主张。

供应链管理的绩效考核指标

2020年3月26日，星期四，寸草春晖。

2020年初，受到新冠肺炎疫情的影响，天波公司直到3月才复工。

“这几个月，你帮助公司解决了不少供应链管理问题，非常棒。”早上，刚一见面，皮经理就夸赞小明。

“然后呢?”看到皮经理直接抛出“甜枣”，早就摸清皮经理秉性的小明等着皮经理提出要求。

“嘿嘿。我最近在思考一个问题，就是怎么衡量供应链管理的绩效。所谓‘没有测量，就没有管理’嘛。”既然被小明看穿，皮经理就开门见山地提出问题。

“这个问题，我在上次的培训中老师专门讲过，我把资料找给您看看。”说完，小明拉开抽屉，拿出一页 A4 纸，上面记着十一个供应链的关键指标，分别是：

(1)客户订单准时交付率。

这是衡量公司对客户订单交付水平的最重要的指标，与客户的体验和满意度直接挂钩，是区分公司的供应链管理水平与竞争对手的供应链管理水平的主要指标。

其计算公式是：一段时间内，准时齐套交付订单的数量 ÷ 总订单数量×100%。

(2)预测准确率。

这是在每次的产销协同会议上，销售部与计划部争执的焦点。往往是销售部责怪计划部柔性不够，而计划部责怪销售部预测不准。因此，每家企业都应该计算预测准确率，并分析不准确的原因。

关于预测准确率的计算公式，业界并没有通用的公式，可供参考的公式是：

$\frac{1-\text{ABS}(A-F)}{F}\times 100\%$，其中，F=月度预测数量，A=月度实际数量。

(3)主计划达成率。

既然销售部责怪计划部或供应链的柔性不够，接下来的一系列指标就是用来考核计划的，先从主计划达成率说起。所谓的主计划，是指计划在接到销售部的预测之后，考虑物料、库存和产能的约束条件之后，给销售部输出的包含各产品线出货数量的反馈计划，颗粒度未必能够细到具体的机型，反馈的出货数量应小于或等于销售预测。

其计算公式是：实际出货数量÷计划出货数量×100%。

(4)内部订单满足率。

当主计划完成之后，时间进入执行主计划的月份，销售需要在拿到客户的订单后在内部生成销售订单，即内部订单，包含机型、数量和出货时间。之后该内部订单会纳入生产排程(MPS)，生成对应的制造工单。

内部订单的满足率是用来考核供应链对客户真实需求的满足能力的重要指标，其计算公式是：准时齐套完成的内部订单数量÷总的内部订单数量×100%。

(5)制造工单准时完成率。

上一条已经提到，收到内部订单之后，计划部会根据生产排程生产制造工单。那么，制造工单的准时完成率就决定了内部订单满足率，符合“聚焦节点、逐级考核”的指导方针。

其计算公式是：准时齐套完成的工单数量÷总工单数量×100%。

(6)产能利用率。

这是做主生产计划时需要考虑的重要指标。

其计算公式是：产能利用率(稼动率)=(负荷时间-停机时间)÷负荷时间。

(7)供应商准时交付率(按计划)。

这是考核供应商按需交付能力的重要指标。如果供应商按采购计划的交付率较差，就要根据供应商重新承诺的交付计划，调整工单和排期，会导致供应链丧失敏捷性和柔性，进而影响客户订单准时交付率。因此，供应商准时交付率是物料供应端极为重要的考核指标。

其计算公式是：按计划准时交付的采购订单数量÷总采购订单数量×100%。

(8)供应商准时交付率(按承诺)。

这是考核供应商承诺的交付时间和交付数量与实际的交付时间和交付数量的达成率的指标，是供应端保交付的底线。

其计算公式是：按承诺准时交付的采购订单数量÷总采购订单数量×100%。

(9)存货周转天数(Days Sales Inventory)。

这是根据销售预测，推算出现有库存能够维持多少天销售的重要指标，大有替代传统的库存三大指标"库存金额、库存周转和呆滞比"之势，因为它与销售的流速直接挂钩，更加直观地体现库存的合理性。

其计算公式是：360÷存货周转次数。

在现实使用中，可以用下一月的要货预测数量除以下个月的天数，得到平均每天的要货数量；再用当期存货数量除以下个月的平均每天的要货数量，即可得到存货周转天数。

(10)供应链运作成本率。

这是衡量供应链运作成本的指标。

其公式是：(仓储成本＋运输成本)÷销售收入。其中仓储成本＝装卸费×仓库吞吐量＋单位平方米租金×存储面积；

运输成本＝各运输模式的单位运价×货物重量。

(11)交付周期。

这是衡量供应链柔性的核心指标。决定了客户在下发订单后多久能够收到货，是客户关注并决定是否下单的重要因素。

其公式是：客户订单处理周期＋生产周期＋物流周期。

“没错，我要的就是这个。这下能让总经理满意了。”皮经理看到这么完善的供应链管理绩效考核指标，一下子变得信心满满。

越努力、越幸运

2020 年 3 月 27 日，星期五，小雨。

第二天下午，皮经理再次邀请小明来到自己的办公室，脸上写满了神秘。“有一件好事要告诉你。想知道是什么吗？”皮经理故意卖起了关子。

“要给我升职加薪？”小明的回答也太直接了。

“你是怎么知道的？消息怎么传得这么快？”这回变成皮经理疑惑了。

“是我猜的。从 2018 年底到 2019 年底，我的业绩一直都是最优秀的。这不复工了吗，我估计这个时候的好事，不是升职就是加薪。”看来，小明已经吃透了职场的规则。

“你真是我肚子里的蛔虫，什么都明白。事情是这样的：上午我把供应链管理的绩效考核表发过去后，总经理立即叫我过去，询问是谁做的。我就把你的情况和近期的表现跟总经理说了一下。因为公司马上要启动上市计划，需要成立集团采购部，由我出任总监，总经理让我推荐接班人，我便立即提名你来做我的继任者。你看这样安排可以吗?”皮经理的眼神非常真诚,充满了对小明的信任和关爱。

小明之前只是想到岗位级别的提升和多加薪水,没有想到自己居然有机会做采购部的管理岗位,成为部门经理。此时的小明百感交集,一方面觉得终于得到自己梦寐以求的机会,但另一方面又觉得压力山大,还有对皮经理的依依不舍。复杂的情绪立刻占据了他的大脑,激动地眼泪夺眶而出。

看着流泪的小明,皮经理的鼻子也一阵发酸,连忙调整状态,鼓励道:“一定要抓住眼前的机遇,我也是这么走过来的。”

“谢谢经理,不,总监。虽然自打加入公司后便一直在努力,但是我真没想到这么快就能走上管理岗位。”小明用那发颤的声音,哽咽地说。

“越努力,越幸运,谁说不是呢?”皮经理心想。

“其实,自打你入职以来,我一直都在关注你。坦白说,刚开始我对你还不放心,毕竟你那么年轻,但是我又隐约觉得你是一个难得的人才,不能埋没,所以在这两年多的时间里,我一直手把手地带你。”

“感激不尽,无言以对!”小明感动得热泪盈眶。

“通过两年多的共事,我发现你对自己的要求很高,做事一丝不苟,遇到问题总会想方设法通过成长型思维来解决。其他部门的经理也都看在眼里,对你的评价很高,大家都认为你是接替我的最好人选。”

“可是我从来没有觉得自己有多聪明,有多优秀。只是遇到问题,我会一直想着怎么解决。先用笨办法,再总结经验,不断改进,直到找到最合适的办法。”小明自认为有愧于皮经理的高度评价。

“自以为聪明的人往往很难成功,因为他们不愿下苦功夫,遇事思前想后,犹豫不决,实际上是在浪费时间。而你一直在学习、实践、思考、行动,从不浪费时间;你为人坦诚、果敢、正直、毫不做作,这些都是很优秀的品质,这种品质来自很强的自信心和坚定的自我成长的信念，我在别人身上很难看到，这就是你的优秀之处和不可替代性。因此，从明天开始，请承担起采购部经理的职责。希望你谦虚谨慎、再接再厉！恭喜恭喜！”

在皮经理的鼓励下，小明最终下定决心，接过采购部的大旗。他将成为一名卓越的采购领导者作为自己的下一个奋斗目标。

从 2017 年 7 月 3 日入职天波公司，成为采购助理，到三个月后转岗采购员，再到 2019 年 1 月升职为项目采购工程师，项目结束后在 2019 年 4 月转岗为战略采购工程师，最后在 2020 年 3 月 28 日正式升任采购部经理，参加工作刚满 1 000天的小明，通过不懈地努力完成了从采购新人到采购专家，再从采购专家到采购领导者的华丽转身，在短短的 1 000 天中掌握了“采购管理技能树”的全部技能，堪称奇迹。

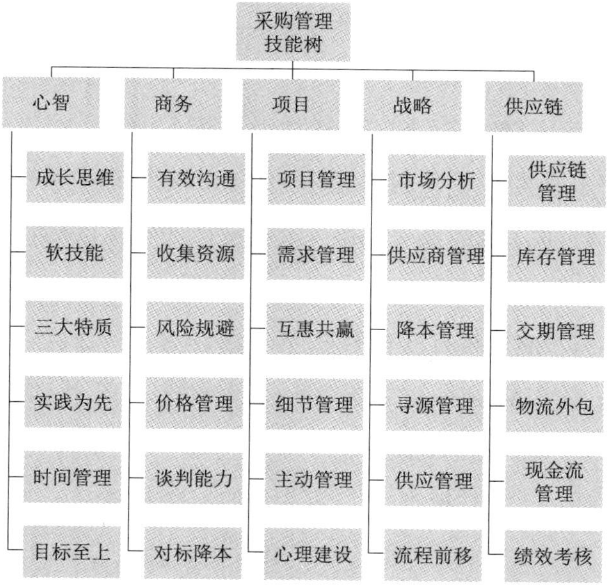

对于我们身边的很多人来说，1 000 天很短暂，因为他们总是在周日晚上才思考接下来应该学点什么，周一却深埋于繁忙的工作之中，好不容易熬到了周五，却想着周末应该怎么消遣，到了周日晚上却又开始焦虑起来。他们的时间就这样白白流逝，却从来没有真正行动过。回想上一个 1 000 天里自己到底有何收获，很多人的大脑是一片空白。

但是对于小明来说，这 1 000 天里发生的事情，却如连续剧般一幕一幕重现在眼前。他想起自己入职和转岗时皮经理的当头棒喝和谆谆教导，想起自己面对各种挑战时的刻苦钻研和迎难而上，想起自己犯下的种种错误和吸取的教训，他在这 1 000 天里的收获，胜过很多人工作十年的心得。

这个世界是不公平的，因为即使你再可怜、再悲催，也没有人会真正地代替你去承受，没有人会来改变你的命运；但这个世界又是公平的，因为如果你肯努力坚持做一件事情，就会逐渐发生从量到质的变化，从人群中脱颖而出，而这与你的年龄大小并不相关。

此时的小明仿佛化作破茧而出的蝴蝶，在柔和的阳光里，在晴朗的天空下，在和煦的春风中，在芬芳的花丛里，呼吸着最新鲜的空气，享受着最美好的时光，张开翅膀，自由飞翔。

后　记

成功始于小步

若干年后，已经成为供应链管理总监的小明，被公费委派到英国牛津大学进修供应链管理硕士学位，为期一年。

天波公司为小明租住了非常考究的公寓。地面铺着柔软的羊毛毯，客厅宽敞明亮，卧室阳光充足，卫浴一尘不染。当水晶灯亮起，整个公寓显得华丽而又尊贵。

看来一切尽善尽美，小明安心学习即可。但是，有个问题却始终困扰小明，就是怎么上学。

这是怎么一回事呢?

原来，公司给小明租住的公寓距离学校 4 公里。对于英国人来讲，这不是问题，因为人人都会开车上班。但是对于小明却成了难题。

买辆二手车，回国前还要处理掉，好像不切实际。

坐公交车上班，一天往返花费 5 英镑，有点小贵。

走路上班，人生地不熟，而且英国经常下雨，路不好走。

思前想后，小明决定坐公交车上班，这貌似是最明智的选择。

然而，坐了一星期公交车后，英国公交车的效率令小明大跌眼镜。首先，英国的公交车从来不准点，这令小明头疼。更令他不满的是，4 公里有 20 个站点，这也太多了吧！小明从等公交开始直到到达公司需要耗时 1 个小时。

“这还没有走路快!”小明心想。于是，是继续坐公交还是走路上班，成了小明的心结。

“走路很难，”小明心想，“4 公里要走多久，我不知道，因为我从没有走过这么长的路。”但是小明转念一想，“为什么不把每天走路 8 公里（往返）作为一个既减肥又省钱的机会呢？”

找到动因就好办了。

小明是个行动派，第二天早早出发。这一路下来，可谓危机重重。

小明遇到的第一个危险是不适应英国车辆的行驶方向。因为英国是靠左行驶，与国内相反，所以小明经常看错来车的方向，比如他在过马路时习惯性的向左看，当然没有车了，因为车从右侧来，这就容易出车祸。

小明遇到的第二个危险是，英国的人行道岔路多，如果你没有走对，走着走着就会进入死胡同。这时只有两种选择，一是原路返回，二是从人行道走到车行道上继续走，直到重新找到人行道。为了赶时间，遇到这种情况小明只能冒险走车行道，任凭一辆辆汽车擦肩而过。

最终，凭借顽强的意志和毅力，小明坚持走完明显不对劲的路线，用时 70 分钟到达教室，狼狈不堪。

“放学是走路还是坐公交？”小明犹豫起来。

“避免走错路的方法就是多走几条路。”小明没有退缩。

然而，在放学的路上，因为天黑，小明并没有找到更好的路，依旧原路返回，又惊又累。

第二天早上，小明下定决心，坚决不能再走相同的路线。方法是走昨天没有走过的岔路。虽然新选的岔路会远一些，但是能保证小明一直走在人行道上，这一次算是成功了。但是，小明需要穿过的马路依然很多，这仍是一个很大的安全隐患。

怎么办？

“走着走着花就开了。”小明继续坚持。

第三天上学的路上，有一名背着书包的女孩和小明沿路走了一段。但是在经过一个居民社区时，那个女孩转弯进去了。

“这会不会是一条捷径呢？”小明心想，“我要赌一把，输了大不了重走。跟着熟悉的人走路，或许会学到更好的方法。”

结果证明，小明的选择是正确的。穿过这个居民区，有一个桥洞，桥洞直通另一个居民区，这个居民区之外是一个红绿灯，经过这个路口后再也不需要横穿马路，大约 1 公里到达学校。一个意外收获是，居民区很安静，一排排别墅很雅致，鸟语花香，愉悦身心。

至此，经过探索、坚持，加上正确的方法和一点运气，小明完成了从犹豫、行动、向他人学习到养成习惯的过程，完成了走路上学的使命。

在之后的日子里，小明的走路速度越来越快，用时 40 分钟就可以走到教室，这可比坐公交车快多了。

故事讲到这里也就结束了。

通过这个故事，笔者想要告诉采购伙伴们“成功始于小步”的道理。小明之所以能够在职场中快速成长，就在于他能迈出第一个小步和之后的每一个小步。

第一个小步是开始行动，代表着勇气；

第二到第一万个小步是迎难而上，代表着毅力；

第一万到第十万个小步是找到方法，代表着智慧；

第十万到更多的小步是从量变到质变，代表着成长和成功。

而一些人之所以一事无成，是因为他们永远停留在空想，从来没有迈出第一个小步。

成功始于小步！

希望本书能够引发你的思考，激励你迈出一个又一个小步。

成功始于小步！

祝福每一位采购伙伴都能早日取得属于自己的成就。

姜珏

2022 年 1 月 17 日于深圳